editorial Sol90

图说人类文明史

伊斯兰文明

西班牙 Sol90 出版公司 编著

同文世纪 组译　欧阳竹萱 译

中国农业出版社

农村读物出版社

北 京

图书在版编目（CIP）数据

图说人类文明史. 伊斯兰文明 / 西班牙Sol90出版公
司编著；同文世纪组译；欧阳竹萱译. —— 北京：中国
农业出版社，2024.9
　　ISBN 978-7-109-29342-7

Ⅰ. ①图… Ⅱ. ①西… ②同… ③欧… Ⅲ. ①文化史
－伊斯兰国家－通俗读物 Ⅳ. ①K103-49

中国版本图书馆CIP数据核字（2022）第079503号

GRANDES CIVILIZACIONES DE LA HISTORIA

Islam

First edition © 2008, Editorial Sol90, Barcelona
This edition © 2020, Editorial Sol90, Barcelona, granted in exclusively to China Agricultrue Press for its edition in China.
www.sol90.com

Author: Editorial Sol90

Based on an idea of Daniel Gimeno
Editorial Management Daniel Gimeno
Art Direction Fabián Cassán
Editors 2019 Edition Joan Soriano, Alberto Hernández
Writers Juan Contreras, Gabriel Rot
Research and Images Production Virginia Iris Fernández
Proofreading Edgardo D'Elio
Producer Marta Kordon
Layout Luis Allocati, Mario Sapienza
Images Treatment Cósima Aballe
Photography Corbis, Science Photo Library, Getty, Sol90images
Illustrations Dante Ginevra, Trebol Animation, Urbanoica Studio, IMK3D, 3DN, Plasma Studio, all commisioned specially for this work by Editorial Sol90.
www.sol90images.com

图说人类文明史

伊斯兰文明

First edition © 2008, Editorial Sol90, Barcelona
This edition © 2020, Editorial Sol90, Barcelona, granted in exclusively to China Agricultrue Press for its edition in China.
All Rights Reserved.
本书简体中文版由西班牙Sol90出版公司授权中国农业出版社有限公司于2023年翻译出版发行。
本书内容的任何部分，事先未经版权持有人和出版者书面许可，不得以任何方式复制或刊载。
著作权合同登记号：图字01-2020-5333号

中国农业出版社出版
地址：北京市朝阳区麦子店街18号楼
邮编：100125
项目策划：张志　刘彦博　　责任编辑：孙利平　张志　　责任校对：吴丽婷　　责任印制：王宏
翻译：同文世纪 组译 欧阳竹萱 译　　审定：郑佳明　　丛书复审定：刘林海　　封面设计制作：张磊　　内文设计制作：田晓宁
印刷：鸿博昊天科技有限公司
版次：2024年9月第1版
印次：2024年9月北京第1次印刷
发行：新华书店北京发行所
开本：889mm×1194mm　1/16
印张：6
字数：200千字
定价：98.00元

图说人类文明史

伊斯兰文明

目　录

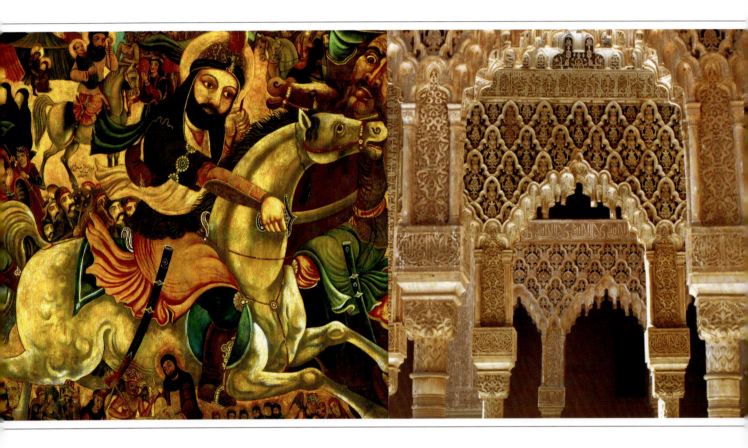

前言：一个充满信仰、政治和艺术的世界

伊斯兰文明的陶器根据制造时间和地区的不同，其形状和主题也千差万别（下图为制造于10世纪的陶瓷瓶）。

伊斯兰教的历史长达14个世纪，其蕴含的丰富内涵至今未被西方世界完全了解。

作为一种一神论宗教以及一种政治力量，伊斯兰教拥有数百万信徒，他们保护并复兴了这个具有非凡且独具影响力的宗教与文化遗产。一切始于610年，当先知穆罕默德（Mahoma）还是商队中的一位商人时，一次，他在麦加城郊的一处山洞中冥想，大天使吉卜利勒（Gabriel）突然现身，向他传达真主的启示，授命他作为真主派遣的使者宣扬造物的唯一真主。

此后，一种行为准则和伦理道德规范逐渐形成。根据伊斯兰教的信仰，这些教义准则是由真主安拉（Alá，阿拉伯语称呼，即"造物主"）向先知穆罕默德传授的旨意。所有这些教义和戒条均收录在圣书《古兰经》（Corán）中，成为所有伊斯兰教信徒（被称为"穆斯林"）在日常生活、人际关系、劳动、法律及文化等方面的基本行为原则和指南。

伊斯兰教传播范围广泛，它在政治领域的影响同样非常深远。

伊斯兰教以《古兰经》为基础，按照社会阶层化、政治领导力、国家官僚体制，以及法治、文化等领域划分、编纂法典。

然而，这一过程并不是具有绝对权威性和一成不变的。发展趋势的变化导致危机的出现，进而演变为内部冲突，甚至引发不同规模的战争，并造成难以估量的后果。目前，伊斯兰教主要分为两大派别：逊尼派和什叶派。二者的主要争论在于谁是先知穆罕默德的合法继承人。逊尼派支持并推举信仰虔诚的贤者担任合法继承人，而什叶派则支持以先知穆罕默德的直系后裔为合法继承人。

　　由于他们之间的理念存在较大分歧，进而导致在不同地区、不同时期爆发了战争，并以霸权的推行或维持而告终。比如，在伊比利亚半岛，在倭马亚王朝和阿拔斯王朝时期，双方都发生过激烈的冲突。

　　即便如此，作为一个宗教团体的伊斯兰教仍然取得了巨大的发展，其影响力涵盖亚洲和北非的大部分地区，又通过伊比利亚半岛和巴尔干半岛渗透到了欧洲。奥斯曼土耳其帝国的存在就是其影响力的最有力证明。

　　除了在宗教和政治领域，伊斯兰教还通过多样化的艺术表现形式展现出令人钦佩的创造力。在伊斯兰教的世界里，人们以宣礼塔、宫殿和清真寺的雄伟、辉煌为傲。另外，装饰精美的陶瓷和琉璃瓦、享誉世界的绘画、挂毯、地毯等均为伊斯兰艺术增添了光彩，其中书法是最神圣的表现形式，是传递真主声音和诫命的媒介。

　　穆斯林拥有特色浓郁的宗教生活，传承着悠久的历史与文化，这些都是人类最宝贵的文化财富。

　　清真寺是穆斯林进行宗教活动的场所，宗教色彩浓郁。右图是位于土耳其尼代的阿拉艾丁清真寺。

概述：伊斯兰世界

伊斯兰教的分布和影响范围非常广泛，从直布罗陀海峡延伸到东南亚，甚至延伸到非洲和大洋洲。穆斯林有着深厚的宗教信仰，他们向人类展现了丰富多彩的艺术文化表现形式，包括令人赞叹的清真寺建筑，以及精美绝伦的陶瓷、雕刻等手工艺品。◆

伊斯兰艺术以其丰富的装饰为特点，右图为12世纪塞尔柱帝国时期的盘子。

宗教

7世纪，随着先知穆罕默德开始传教，伊斯兰教拥有了越来越多的追随者，并制定了宗教法典，内容涵盖了信徒在公共场所的行为和私人生活的方方面面。《古兰经》是一本圣书，集合了所有穆斯林应信奉的戒律。麦加是伊斯兰教的第一圣地，具有里程碑的意义。

君士坦丁堡

安达卢斯

科尔多瓦

塞维利亚

直布罗陀　　格拉纳达

突尼斯●

柏柏尔人

地中海

麦　加

商品交换

　　阿拉伯商人向中国出口红海的珊瑚和东非的象牙，从远东地区进口瓷器、丝绸和精美的纸张，还向西欧出口贵族所需的金属器皿。

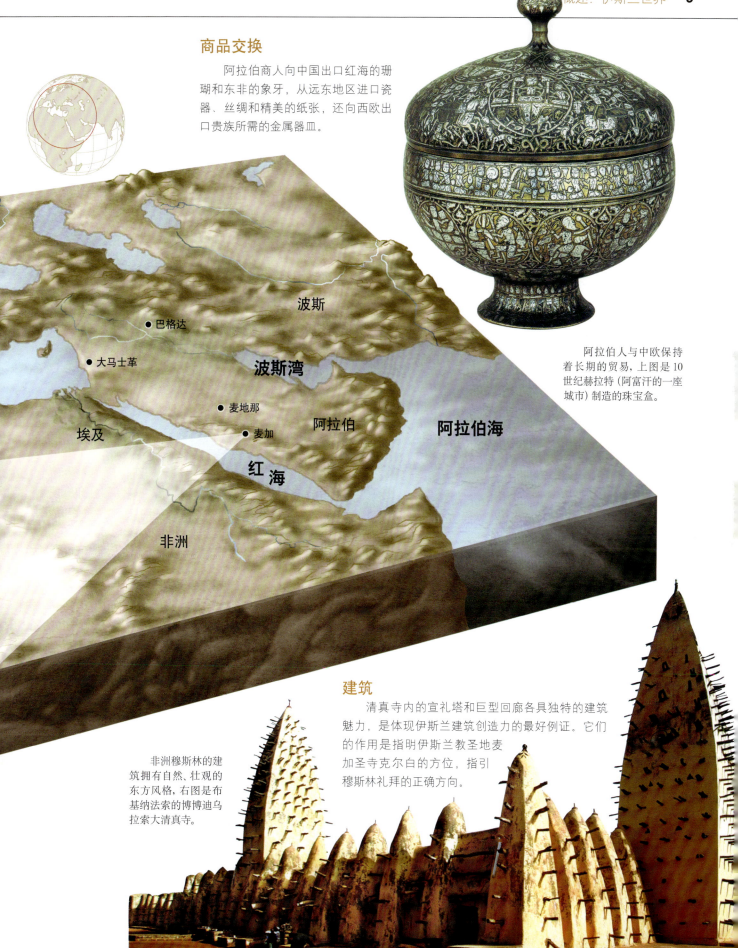

阿拉伯人与中欧保持着长期的贸易，上图是10世纪赫拉特（阿富汗的一座城市）制造的珠宝盒。

波斯

巴格达

大马士革　　　波斯湾

麦地那

埃及　　　麦加　　阿拉伯　　阿拉伯海

红　海

非洲

建筑

　　清真寺内的宣礼塔和巨型回廊各具独特的建筑魅力，是体现伊斯兰建筑创造力的最好例证。它们的作用是指明伊斯兰教圣地麦加圣寺克尔白的方位，指引穆斯林礼拜的正确方向。

非洲穆斯林的建筑拥有自然、壮观的东方风格，右图是布基纳法索的博博迪乌拉索大清真寺。

历史和社会组织

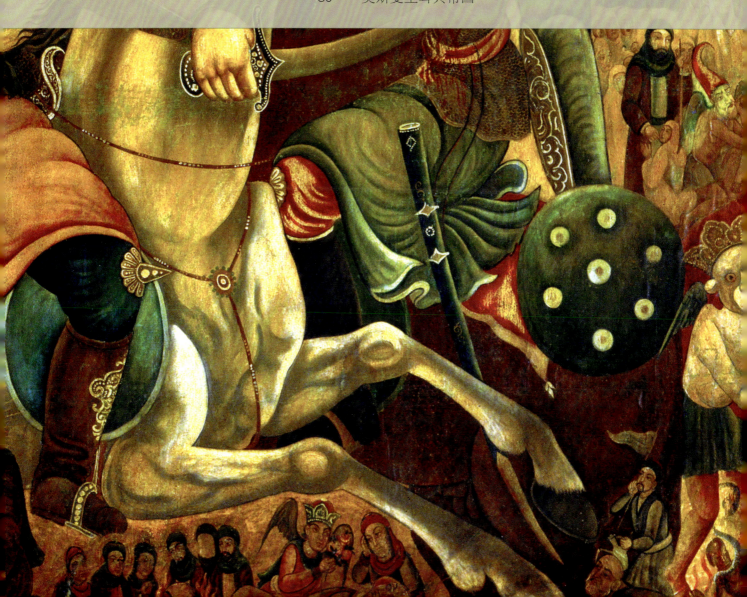

历史和社会组织

先知的道路

伊斯兰教起源于7世纪左右的阿拉伯半岛。相传，先知穆罕默德第一次和大天使吉卜利勒相遇时，吉卜利勒命令他作为真主派遣的使者，宣扬造物的唯一真主。最初，先知穆罕默德在人烟稀少的地区宣教，主要是分布在现今阿拉伯半岛北部绿洲和南部肥沃土地上的游牧民族和农民。随着途经的商人和商队逐渐加入，宣教开始向人口稠密的城市中心逐步扩展。

先知穆罕默德归真后

先知归真后，为了争夺继承权，一场重大的斗争随之展开。很快，最不希望的结果出现了，先知穆罕默德的追随者分裂成不同派系，均要求拥有继承权。

先知的第一位继承者由奥斯曼·伊本·阿凡（Uthman ibn Affan，577—656）继任。在他统治期间，穆斯林内战"骆驼之战"爆发了。当时，先知穆罕默德的直系亲属和他最初的许多追随者对奥斯曼的领导权提出质疑，这意味着危机即将来临。最后，奥斯曼死于一场叛乱。随后，阿里·伊本·艾比·塔利卜（Ali ibn Abi Talib，599—661）继任，他是与先知穆罕默德有着血缘关系的堂兄弟兼女婿。于是，教内开始出现两个主要的派别：一个派别支持阿里，即支持先知直系亲属掌权；另一个派别则支持奥斯曼。阿里遇刺后，支持奥斯曼的派别开始掌权，并以"倭马亚王朝"的新名义开始了统治。

此后很多年，倭马亚王朝都统领着一个分裂的穆斯林世界，其中

❖ **青铜制品** 在科尔多瓦市的麦地那阿尔扎哈拉古城中发现了10世纪制造的雕像。穆斯林的工艺特点是在制品上点缀大量精美的装饰，金属制品也是如此，这和其他艺术创作形成了鲜明的对比。

包含两大派系：支持奥斯曼的逊尼派，支持阿里的什叶派。两大派别相互对抗，势力都在不断增强，都声称自己拥有领导伊斯兰世界的合法权利，这种情况一直延续到今天。

7世纪末，"隋芬之战"爆发，倭马亚王朝内部发生分裂，尽管之后实力有所恢复，但却逐渐走向衰落。750年，先知穆罕默德的叔父阿拔斯（Abbas）的后裔推翻倭马亚王朝后，建立了阿拔斯王朝。

从此，伊斯兰政治的统一很难实现，不同朝代、不同派别相继接任，形成一个个完全独立的、集权的穆斯林帝国。

阿拔斯王朝

随着阿拔斯王朝的建立，穆斯林最初的扩张告一段落。接下来的几年里，相比于不断扩大的疆域和影响力，穆斯林政体内部取得的成就更为瞩目。随后，在汲取和融汇被征服民族的不同文化后，一个灿烂、辉煌的文明出现了。

762年，阿拔斯王朝迁都至巴格达。巴格达逐渐发展成为繁荣的商业中心。同时，在辽阔的穆斯林疆域内，越来越多的大清真寺和宫殿陆续兴建。穆斯林对宗教坚定不移的信仰很快推动了对《古兰经》的研究。这部法典最终被确立为伊斯兰教法，成为社会结构的基础。从那时起，穆斯林社会生活的方方面面都受到这部伊斯兰法典的制约。与此同时，阿拔斯王朝还在历史、地理、文学、医学和数学等其他领域获得了巨大的发展。

阿拔斯王朝的首都从大马士革迁到

❖ **卡尔巴拉之战**　680 年 10 月，先知穆罕默德的外孙侯赛因·本·阿里 (Husayn Bin Ali) 在与哈里发耶齐德一世 (Yazid I) 的大军对抗时阵亡。

了巴格达，后者因此拥有了至高无上的地位。这意味着一场巨变：伊斯兰教的中心向亚洲内陆转移，远离了地中海的山麓地带。

然而，当穆斯林的宗教文化正越来

统治阶级

❖❖❖

伊斯兰世界的组织形式拥有鲜明的领导层级，最高领导层为"哈里发"，该头衔为先知穆罕默德归真后穆斯林政权组织的最高领袖。第一位继任的哈里发是伊斯兰教创始人的岳父艾布·伯克尔（Abu Bakr al-Siddiq）。哈里发之下的领导层级是由其指任的埃米尔。"埃米尔"一词意为"受命的人"，是哈里发管辖的各行省最高长官的封号。

"苏丹"是另一个重要且常用的称谓。在某些伊斯兰教国家，苏丹等同于君主。伽色尼王朝的马哈茂德（Mahmmud，971—1030）是第一个自称"苏丹"的君主。10世纪末至11世纪初在位，他在位期间的首都是加兹尼（位于今阿富汗境内）。苏丹会任命维齐尔。维齐尔可以指总理大臣，也可以指部长大臣，只听命于苏丹。

越根深蒂固地扩大影响时，政治上的情况却与此大相径庭。

那时，一位在倭马亚王朝沦陷中幸存下来的王子最终在伊比利亚半岛建立了一个独立王国。这种自治现象导致独立的王国越来越多，8世纪至9世纪出现了伊德里斯王朝、阿格拉布王朝、图伦王朝、萨法尔王朝和萨曼王朝等独立王朝。尽管它们都承认阿拔斯王朝是整个穆斯林世界的领导者，但在政治和经济方面仍然保持着高度自治。

10世纪左右，这种独立分治的趋势逐渐演变为一定程度的危机。当时，甚至有三个哈里发王国同时存在。首先是什叶派以法蒂玛后裔的名义在突尼斯自称哈里发，后扩张到埃及，建立了哈里发统治的法蒂玛王朝。紧接着，西班牙裔倭马亚人建立了科尔多瓦哈里发王国，境内几乎没有阿拔斯人能幸存下来，他们的文化远比其政治权力更加辉煌耀眼。科尔多瓦哈里发王国的周边地区也曾出现许多独立的波斯王国，它们对该地区的文化发展有着决定性的影响。

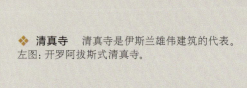

❖　**清真寺**　清真寺是伊斯兰雄伟建筑的代表。
左图：开罗阿拔斯式清真寺。

❖ **萨拉丁** 1138 年出生在提克里特，著名的穆斯林领导者。他建立了阿尤布王朝，权力鼎盛时期曾覆盖埃及、叙利亚、伊拉克、希贾兹（汉志）和也门等地，成功抵御了基督教十字军的入侵并收复了耶路撒冷，归真于 1193 年。

王朝的故事

　　第一个任命哈里发的王朝是倭马亚王朝，被任命的是 661 年至 680 年的统治者穆阿维叶一世（Muawiya I，602–680）。这位先知的继承者与先知穆罕默德来自同一个部落，但仍无法避免在其统治期间爆发了一场血腥的内战。

　　倭马亚王朝定都叙利亚的大马士革，作为政治统治和行政管理的中枢。倭马亚王朝之后是阿拔斯王朝（或译为阿巴斯王朝），新王朝宣称为先知叔父阿拔斯·伊本·阿布杜勒·穆塔里卜（Abbas ibn Abd al-Muttalib，566–652）的后裔，并通过其权威掌权。

　　阿拔斯王朝虽然只有一个世纪的实际政治权力和宗教权力，但在 750 年至 1258 年期间，它仍是首屈一指的哈里发王国。

　　随着阿拔斯王朝的没落，伊斯兰教的古典时期结束。随后是一段分裂为独立王国的时期，除了少数例外，独立王国基本都只拥有地方政权。

游牧民族入侵

　　10 世纪末到 11 世纪初，由于不断升级的内部政治分裂，穆斯林世界已经失去了原有的权力范围和军事力量。正是在这样的背景下，中亚的游牧民族开始入侵伊斯兰领土。

　　最初入侵的是塞尔柱土耳其人，他们征服了西亚大部分地区，一直扩展到小亚细亚。土耳其人的出现具有非常重要的意义，尤其是在苏丹国创建之后。

　　穆斯林的扩张因此多了一些新的果敢，将势力范围扩张到了印度北部和如今的土耳其地区。

　　然而，随后蒙古人的入侵让穆斯林世界再次陷入危机。13 世纪中期，蒙古人入侵巴格达及埃及东部的伊斯兰领土。蒙古人的这次入侵造成了灾难性的后果，彻底摧毁了阿拔斯王朝。尽管后来进攻者皈依了伊斯兰教，但穆斯林世界仍然遭受重创。

三大帝国

　　奥斯曼人从中亚迁移而来，首先在安纳托利亚建立了一个小国。1453 年，他们围困君士坦丁堡，给正处于衰落状态的拜占庭帝国最后一击，拜占庭帝国被纳入了土耳其人的势力范围。

❖ **菲斯皇宫之门** 菲斯皇宫位于摩洛哥城市菲斯，由 13 世纪马林王朝时期的柏柏尔人建立。当时，马林王朝正打算在北非和伊比利亚半岛扩张其统治。

❖ **天使** 在穆斯林传统中，天使是真主旨意的传达者，有着极其重要的意义。下图是13世纪科尼亚城墙上的一个天使浮雕。

奥斯曼土耳其帝国的扩张不仅影响了东方穆斯林，也影响了欧洲的基督教徒。1529年，维也纳之围最终以失败告终，这使奥斯曼土耳其帝国征服欧洲中部的雄心大为受挫。1683年，维也纳之战标志着土耳其人的失败。随后，土耳其人正式退回小亚细亚。

一个世纪后，穆斯林世界统治了大片疆土，划分为三大帝国，其中之一就是奥斯曼土耳其帝国，其权力范围扩展至美索不达米亚、红海和地中海。

除了奥斯曼土耳其帝国，还有位于伊朗地区的萨非王朝，以及印度地区的莫卧儿帝国。前者在13世纪中叶开始建国，曾与土耳其人发生冲突。

当时，穆斯林世界的统一只是一种幻想，当三大帝国的势力日渐衰落之际，一些同样信仰伊斯兰教的苏丹国在这片充满斗争的区域内如雨后春笋般涌现出来。

改革与 20 世纪

18世纪，穆罕默德·伊本·阿卜杜勒·瓦哈卜（Mu-hammad ibn Abd al Wahhab）在阿拉伯领导了一场改革运动，旨在恢复先知穆罕默德时期伊斯兰教的"正道"。

他成为近代伊斯兰教复兴思潮和运动的先驱。后来出现了被称为原教旨主义的运动，它是宗教、哲学和政治上的某种伊斯兰极端主义的萌芽。在发展进程中，它将麦加和其他城市紧密联系在一起，特别是近几十年，对现代伊斯兰教的发展有着决定性的影响。

19世纪至20世纪，穆斯林世界在欧洲扩张主义的影响下，逐渐失去它曾经统治的疆域和政治主导权。法国于1798年入侵埃及，标志着欧洲扩张主义的开始。

20世纪，大多数穆斯林国家都是独立领土，经济发展欠佳，其中一些国家之间还存在不少纷争。更糟糕的是，不管在经济上，还是在政治上，西方世界都控制着东方穆斯林国家的很大一部分地区。

事实上，在西方资本主义控制着中东地区的背景下，穆斯林国家在第一次世界大战之后才基本获得独立，而有些国家的最终独立是在第二次世界大战之后才逐步完成的。

一些穆斯林国家纷纷解体独立，如奥斯曼土耳其帝国，致使宗教生活和国家之间在一定程度上分道扬镳。这也引起了严重的冲突和分裂，几乎到了爆发内战的边缘，像印度、巴基斯坦和孟加拉国这样的地方都发生过类似的冲突。

目前，伊斯兰世界在亚洲、非洲、太平洋的主要岛屿和欧洲巴尔干半岛国家中都有着巨大的影响力。同样，西欧也存在大量穆斯林社区，其中，英国、德国和法国的穆斯林社区尤为突出。

沿着沙漠之路

阿拉伯半岛分布着散落的游牧部落（贝都因人）和定居部落，但他们不懂得合力实现统一的政治领导。

通常来说，他们之间并不总是合作和交流的关系，相反，公开化的冲突或相互敌对的状态更为常见。

沙漠是游牧民族的领地，而农业生产者会选择定居在南部，也就是现如今也门的领土范围。

大型骆驼商队在该地区将由海上丝绸之路运来的货物沿着一条精准的路线顺利地运到城市中心。

伊斯兰教的先知穆罕默德延续了家族传统，成为骆驼商队的一员，多次在周边山区跟随商队运输。相传，有一次大天使吉卜利勒带着神圣的使命降临，他任命穆罕默德为真主派遣的使者。

随着时间的推移，农业生产让生活在沙漠地区的人口能够获得足够多的食物供应。越来越多的居住在沙漠的部落放弃了以往的游牧生活方式，定居下来，仅有个别部落还保留着自身原始文化的特点。

◆ **骆驼商队**是一个多人组织形式的商业运输团队。上图是让·莱昂·杰罗姆（Jean-Léon Gérôme, 1824–1904）的画作。

先知穆罕默德

先知穆罕默德是麦加商人阿卜杜拉·阿拉（Abd Allah）的儿子。穆罕默德于570年出生于麦加，成年后继承父业，成为来往于大马士革和麦加商队的一员，并与富孀赫蒂彻（Jadiya）结婚。婚后，他们生育了几个孩子。在先知穆罕默德40岁时，大天使吉卜利勒显灵，宣布他为最后一位先知，命令他作为真主派遣的使者，宣扬造物的唯一真主。这些旨意后来成为《古兰经》的重要组成部分。穆罕默德于632年归真，享年62岁。◆

起初，先知穆罕默德发现他的讲道受到了抵制，尤其是在麦加的上层人物和商人贵族当中。这场争端最终演变为冲突以及圣战的爆发（右图是8世纪穆斯林的短剑）。

麦加禁寺（又名麦加大清真寺），菲舍尔·冯·埃尔拉赫（Fischer von Erlach）绘于1721年的版画

圣战

先知的讲道与不同信仰碰撞，随之而来的是不断的武力冲突。629年，先知率军前往麦加，在那里，先知宣布克尔白（又称"天房"）为圣地，清除了殿内的偶像，正式将克尔白建为伊斯兰教的圣地和朝觐中心。自此，阿拉伯半岛基本统一，随后，克尔白被不断重修。

◆ 18世纪的伊斯兰画作，展示了圣战中遮住脸庞的先知穆罕默德。

麦加

麦加作为伊斯兰教圣地，先知穆罕默德的出生地，位于沙特阿拉伯西部。麦加城中心的克尔白（天房），意为"安拉的房屋"。穆斯林认为这是易卜拉欣（Abraham，基督教译为亚伯拉罕）为朝觐唯一的真主而修建的。伊斯兰教信徒们应该绕行克尔白（巡游天房）七次，每一圈如能接近克尔白上的黑石，则可亲吻或触碰黑石。凡是身体健康且有足够财力的成年穆斯林，一生之中应至少前往麦加朝觐一次。

8世纪的细密画，大天使吉卜利勒和先知穆罕默德

第一次启示

　　根据伊斯兰教传统，先知穆罕默德在希拉山的一个山洞里冥想时，大天使吉卜利勒突然显现，命他作为真主派遣的使者，宣扬造物的唯一真主。当时，先知穆罕默德年仅 40 岁。此后，他开始向麦加的居民传道，让他们放弃对多神教的信仰，转而信奉唯一的真主。

大天使坚持要求先知穆罕默德讲道，一边说，一边紧紧抱住他，几乎要让他窒息。先知穆罕默德认为是他的幻觉，但妻子告诉他这是真实的。

圣地　对穆斯林而言，到达麦加需要进行一系列净化的仪式。在真主面前人人平等，皆为凡夫俗子。

麦地那

　　先知穆罕默德在麦加传道多年，并无显著效果，随后，他到达雅特里布（后来更名为"麦地那"，意为"先知之城"）。先知穆罕默德在 632 年 6 月 8 日归真后被埋葬在那里。

❖ 19 世纪中期的版画，麦地那清真寺及先知穆罕默德之墓。

倭马亚王朝

　　在倭马亚王朝创建的第一个世纪里，穆斯林信仰的传播几乎没有遇到太大的阻力。然而，三场内战后，分歧出现了，并一直延续到了今天。这些分歧因哈里发继位者而产生，并由此出现了两个派系，每个派系都为自己的合法性辩护。什叶派支持先知的女婿阿里，坚持认为继承者应该是先知穆罕默德的后裔；而逊尼派则认为，继承者应是信仰虔诚的贤者，即使其与先知没有血缘关系。阿里在661年被穆阿维叶一世打败，穆阿维叶一世随后被拥立为新任哈里发。◆

635 年，倭马亚哈里发定都大马士革，这座都城的繁荣一直持续到 8 世纪中叶。上图是一枚 8 世纪的叙利亚钱币，上面刻有哈里发阿卜杜勒·麦利克（Abd al-Malik）的形象。

讲述15世纪阿里生活的蒙古手稿

内部冲突

　　先知穆罕默德于 632 年归真后，穆斯林开始了大规模的对外扩张。10 年后，他们已经击败并征服了拜占庭帝国和萨珊王朝，统治了叙利亚、伊拉克、埃及和伊朗部分地区。最初，这一进程由倭马亚王朝首任哈里发艾布·伯克尔领导。随后，尽管继任之路遭到一些派系的阻挠，但先知穆罕默德的女婿阿里·伊本·艾比·塔利卜还是成功继任。不过，这也成为之后持续数十年内战的开端。

倭马亚大清真寺外景

大清真寺宣礼塔

　　倭马亚大清真寺建于 705 年，被认为是后世清真寺的建筑范本，也是大马士革最主要的清真寺。直到 4 世纪末，它都是一个异教寺庙，之后成为基督教堂。当时教堂里供奉着施洗者圣约翰（San Juan Bautista）的头颅，也因此曾被称为"圣约翰洗礼大教堂"。

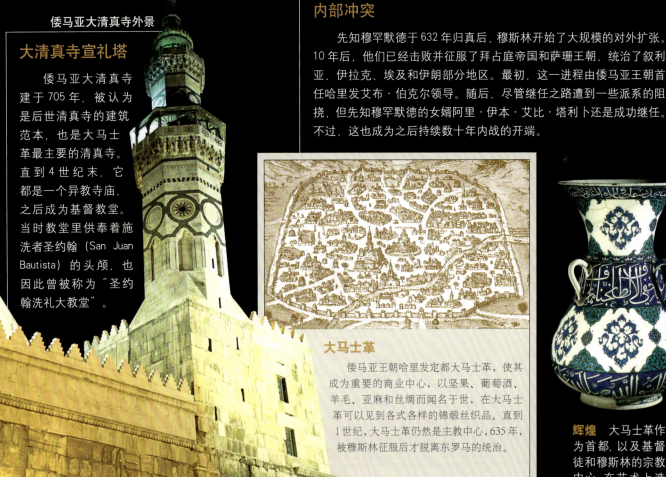

大马士革

　　倭马亚王朝哈里发定都大马士革，使其成为重要的商业中心，以坚果、葡萄酒、羊毛、亚麻和丝绸而闻名于世，在大马士革可以见到各式各样的锦缎丝织品。直到 1 世纪，大马士革仍然是主教中心，635 年，被穆斯林征服后才脱离东罗马的统治。

◆ 大马士革平面图.阿尔弗雷多·达格利·奥尔蒂（1572—1618）的雕刻作品。

辉煌 大马士革作为首都，以及基督徒和穆斯林的宗教中心，在艺术上造诣颇深。上图是 9 世纪的花瓶。

8世纪的骆驼商队

骆驼商队　骆驼是穆斯林当时最重要的交通工具。尽管此种方式能够支撑艰难的长途跋涉，但缺乏传统骑兵的效率。不过，骆驼商队对交通线路非常熟悉，这是一个维持其长期存在的决定性因素。

信仰的武器

　　穆斯林缺乏武器和军事装备，不擅长与强大的敌人作战，只能依靠骆驼运送军队和物资。然而，他们对自己的使命、对这场"圣战"充满虔诚的信仰，这足以应对敌军在经济方面的威胁。

卡尔巴拉之战

　　680 年，第二次内战爆发，阿里之子侯赛因在卡尔巴拉城郊向倭马亚哈里发耶齐德发起进攻。耶齐德的军队大败侯赛因，最终幸存的只有侯赛因的小儿子阿里·宰恩·阿比丁（Ali Zayn al-Abidin）和女人们。

❖　双方实力极其悬殊。侯赛因方面只有不到 80 名将士，却需要对抗耶齐德 3 000 多人的军队。上图是"卡尔巴拉之战"的细节图，阿巴斯．穆萨维（Abbas Al-Musavi）作品。

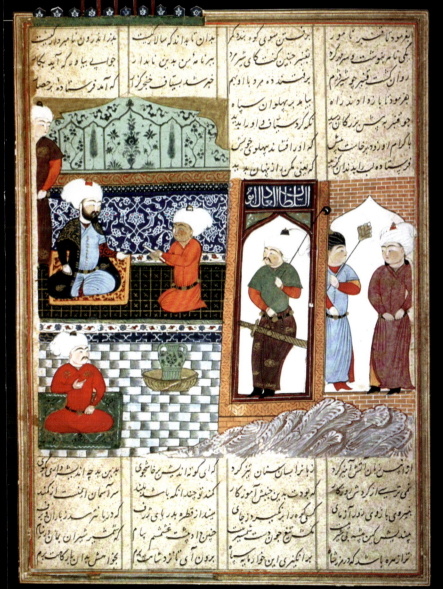

❖　一种用于洗手的器皿。

西班牙的穆斯林

　　穆斯林在伊比利亚半岛定居，这对伊斯兰世界和欧洲基督教徒来说都是极为重要的事件，尽管存在对抗，但两种文化之间的交流仍是不可避免的。

阿拔斯王朝

倭马亚王朝的结束和阿拔斯王朝哈里发的继任，标志着穆斯林扩张第一阶段的结束。从8世纪到13世纪中叶，阿拔斯王朝迁都巴格达。在随后的统治中，伊斯兰世界的经济和文化有了突飞猛进的发展。从那时起，建立的法律和道德规范准则制约着每个穆斯林的生活。然而，当蒙古人开始入侵后，阿拔斯王朝的统治迅速衰落。◆

阿拉伯人与其他地区商贸往来密切。比如，他们会向中国出口珊瑚和象牙，同时从中国进口丝绸、纸张和瓷器。上图是10世纪运往西欧的一个珠宝盒。

阿拔斯王朝

692年至750年，什叶派穆斯林分支进行了最后一次大规模抵抗，最终被镇压。阿拔斯王朝建立后，哈里发对倭马亚王朝的支持者和部族，对其进行了残酷处置。

◆ 什叶派穆斯林纪念他们的烈士。尼古拉萨莫基什（Nikolai Samokish）绘于1886年。

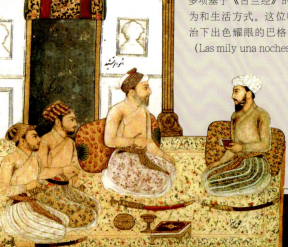

哈伦·拉希德

哈伦·拉希德为阿拔斯王朝第五任哈里发，786年至809年在位。在其统治时期，阿拔斯王朝的科学和文化取得了非凡成就，这无疑得益于国势强盛和经济繁荣。同时，他在执政期间颁布了多项基于《古兰经》的法典和法律，约束穆斯林的行为和生活方式。这位哈里发的品格德行，就像他统治下出色耀眼的巴格达城一样，在《一千零一夜》（Las mily una noches）里永恒流传。

◆ 17世纪画作，拉希德正在聆听一位诗人朗诵。

库拉法清真寺宣礼塔　由哈里发穆克塔菲 (Al-Muktafi) 于 902 年到 907 年为其清真寺宫殿建造,是巴格达最古老的阿拔斯王朝建筑遗迹。

贸易航线

　　阿拔斯王朝哈里发大力发展国内经济,促进了海外贸易的发展,诸如有着华丽雕饰的金银珠宝等奢侈品的进口需求也在不断攀升。

❖ 阿拔斯王朝统治时期,印度洋的海上航行非常频繁。右图,13 世纪的细密画。

库拉法清真寺

巴格达建立者

　　754 年至 775 年,曼苏尔 (Al-Mansur,714 年 –775 年) 任阿拔斯王朝第二任哈里发。在他留下的文化遗迹中,比较著名的是巴格达圆城,亦称"和平之城",之后逐步发展成为巴格达城。据史料记载,此城于 762 年在古巴比伦城附近开始建造,是政治、经济、军事、文化和艺术中心。9 世纪,这里已经拥有 70 万居民。在曼苏尔统治时期,对《古兰经》和文学作品(尤其是波斯文学)的研究取得了非凡的进展。

蒙古人入侵

　　1220 年至 1225 年,在成吉思汗 (Gengis Khan) 的率领下,蒙古人第一次入侵伊斯兰世界。1258 年,成吉思汗率军发动了第二次入侵,控制了中亚地区,并完全控制了巴格达地区。当时的哈里发及其家人的结局都十分惨烈,被裹在地毯中让马匹践踏而死。

❖ 15 世纪绘画中的蒙古战士。

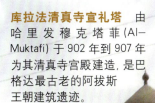

安达卢斯王国

　　伊斯兰教在伊比利亚半岛的出现始于711年4月27日。当时，一支驻扎在北非、人数超过9 000人的穆斯林军队越过了直布罗陀海峡。西哥特人迎战，但在瓜达莱特战役中被击败后撤退，穆斯林军队从此在整个西班牙南部地区扩张。此后，穆斯林军队还曾试图进攻法兰克地区，但在732年被击退。939年，莱昂王拉米罗二世（Ramiro Ⅱ）领导的基督教阵营在锡曼卡斯击退了穆斯林军队。科尔多瓦是伊比利亚半岛上穆斯林国家安达卢斯王国的首府。◆

西班牙裔摩尔人的艺术表现形式以其丰富的装饰为特色，如装饰的植物图案、阿拉伯绘画和文字。上图为一个瓷盘。

穆斯林统治时期

　　穆斯林在伊比利亚半岛的出现使拜占庭帝国开始重新思考统治地中海地区的计划。825年，在阿布·哈夫斯·乌玛尔·巴尔卢特（Abu Hafs Umar al-Ballut）的率领下，穆斯林占领了克里特岛。拜占庭军队于961年收复了失地。

◆ 右图为安达卢斯人征服克里特岛，绘于14世纪的细密画。

711 年至 756 年

　　大马士革的酋长国时期。711 年至 716 年间，穆斯林占领伊比利亚半岛。安达卢斯由倭马亚王朝统治。

756 年至 929 年

　　独立酋长国时期。阿拔斯王朝杀害了倭马亚人。阿卜杜·拉赫曼一世（Abd al-Rahmán I）逃跑，在安达卢斯避难，并自封为"埃米尔"。

929 年至 1031 年

　　科尔多瓦哈里发王国。756 年，阿卜杜·拉赫曼一世建立了独立的科尔多瓦酋长国。929 年，阿卜杜·拉赫曼三世（Abd al-Rahmán Ⅲ）建立了科尔多瓦哈里发王国。

1031 年至 1261 年

　　泰法诸国。希沙姆三世（Hisham Ⅲ）被推翻后，科尔多瓦哈里发王国出现政治分裂，分建了 39 个小诸侯王国，被称为"泰法"（原意为"帮派、教派"）。

1238 年至 1492 年

　　格拉纳达王国。1238 年，"红色哈玛尔"（Al-Ahmar el Rojo I，即穆罕默德一世）建立奈斯尔王朝，后世熟知的名称为"格拉纳达王国"，这是存在于伊比利亚半岛的最后一个伊斯兰王朝。

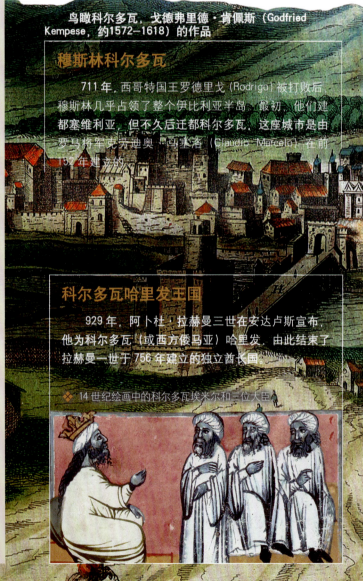

鸟瞰科尔多瓦，戈德弗里德·肯佩斯（Godfried Kempese，约1572—1618）的作品

穆斯林科尔多瓦

　　711 年，西哥特国王罗德里戈（Rodrigo）被打败后，穆斯林几乎占领了整个伊比利亚半岛。最初，他们建都塞维利亚，但不久后迁都科尔多瓦。这座城市是由罗马将军克劳迪奥·马塞洛（Claudio Marcelo）在前152 年建立的。

科尔多瓦哈里发王国

　　929 年，阿卜杜·拉赫曼三世在安达卢斯宣布，他为科尔多瓦（或西方倭马亚）哈里发，由此结束了拉赫曼一世于 756 年建立的独立酋长国。

◆ 14 世纪绘画中的科尔多瓦埃米尔和三位大臣

法兰克的阻挠

721 年，穆斯林向欧洲内部的扩张首先受到阿基坦公爵厄德 (Eudes) 的阻挡，在当时，这样的行动结果难以预料。最终，在 732 年，阿基坦公爵厄德联合查理·马特 (Charles Martel) 的力量成功阻止了穆斯林的进攻。732 年 10 月，最后一场战役打响，法兰克人在普瓦捷取得了绝对胜利。

❖ 查理·马特 (688—741)，击败穆斯林入侵者的法兰克将领。

阿卜杜·拉赫曼一世的画像

独立的埃米尔

优素福 (Yúsuf al-Fihri) 是独立于大马士革的最后一任安达卢斯的瓦利 (藩镇最高统治者)。阿卜杜·拉赫曼一世，这位逃离阿拔斯王朝残杀的倭马亚王子随后继任。他来自北非，打败优素福，征服科尔多瓦，之后于 756 年自称"埃米尔"，建立独立于大马士革的酋长国。

由于**城市的发展**壮大，需要设计合适的建筑容纳各类居住者，上至统治阶级，下到工匠、金匠，以及各行各业的普通劳动者。

塞维利亚的黄金塔全景图

黄金塔

位于塞维利亚的黄金塔由该市最后一位市长伊本·乌拉 (Ibn Uhla) 于 1221 年建立。建筑呈十二边形，以其外壁独特的金砖装饰闻名于世。除了为保卫城市所做的贡献，中世纪时期，它曾被作为监狱，后来，又被用于存放来自西印度群岛的金银珠宝。

法蒂玛王朝

伊斯兰教内部严重的政教分歧加速了旧王朝的破裂和新王朝的建立。其中较为突出的是法蒂玛王朝，他们是支持先知直系后裔作为继承人的什叶派力量。从10世纪一直到12世纪，法蒂玛王朝在纷乱的北非大陆建立了政权，不过，在其衰落时期，势力范围逐步缩小到了埃及。该王朝的突出贡献包括新首都开罗的兴建及清真寺的建造。◆

港口贸易

尽管穆斯林世界的影响力下降，但埃及的亚历山大港仍然保持着可观的贸易活动。亚历山大港作为欧洲和东方的战略桥梁，是连接非洲、近东和欧洲海上航线的核心。

❖ 商品货物在分销和售卖前，需要在港口和边境的摊位上称重。上图是 9 世纪关于这一情景的记录图。

埃及开罗的哈基姆清真寺夜景

大辩论

穆斯林世界的政治分歧主要以激烈的宗教辩论为背景支撑。随着这些集体讨论的盛行，逐渐出现了伊斯兰教学校，教授对《古兰经》的解读。典型的伊斯兰教学校主要教授哈菲兹的课程和阿訇的课程。

❖ 信徒认真聆听两位穆斯林神学家辩论的场景（细密画）。

哈基姆

哈基姆是法蒂玛王朝第六任哈里发，996 年至 1021 年在位，在其统治期间不断发生内部冲突。不过，他也有一些突出的作为，比如，科学馆的创立，让天文科学、哲学思想和《古兰经》的研究得以发展。1013 年，他继承父志，继续建造清真寺并顺利竣工。他于 1021 年神秘消失，死亡原因至今不详。

新王朝

　　法蒂玛王朝的名称来源于先知的女儿，同时也是阿里妻子的名字——法蒂玛，阿里是先知穆罕默德的侄子兼女婿。此新王朝从 909 年开始统治埃及，并建立了自己的哈里发王国。后兴建并迁都开罗，阿拉伯语意为"胜利之城"，之后又将其势力范围扩展到突尼斯和叙利亚。11 世纪中期，法蒂玛王朝走向没落后失去了大部分领土，逐步萎缩到只剩下埃及的疆域范围。

砝码　上图为考古发现的 996 年至 1035 年间埃及用于称重货物的玻璃砝码。

❖　绘于 13 世纪的细密画，先知穆罕默德之女法蒂玛和女婿阿里。

法蒂玛时期的**古墓**，位于阿斯旺。尽管法蒂玛王朝的多个时期都显示出对宗教的极大宽容，但最后阶段的基督教徒和犹太人还是遭到了迫害。

新力量

　　法蒂玛王朝的霸权从 11 世纪开始衰落，在第 14 任也是最后一位哈里发阿迪德（al-Adid）倒台后，法蒂玛王朝于 1171 年彻底灭亡。萨拉丁掌权后，推翻了这个埃及的什叶派王朝。

❖　11 世纪阿尤比的壁画。

扩张的时代

从9世纪开始，伊斯兰文明的发展经历了一系列来自蛮族部落的侵略，并发生了多次内部分裂。这些分裂改变了它的面貌，也由此出现了多个王朝，源自土耳其文明的塞尔柱帝国就是其中最重要的王朝之一，阿尔莫拉维德王朝也拥有同样举足轻重的地位。塞尔柱帝国统治了伊朗和安纳托利亚地区；阿尔莫拉维德王朝的统治势力扩散至毛里塔尼亚、西撒哈拉、摩洛哥和伊比利亚南部地区。后来，由于基督教势力的推进，以及穆斯林各王国间的分歧和斗争，阿尔莫拉维德王朝逐渐没落。◆

伊朗伊斯法罕清真寺景观图

新文化的融合

穆斯林在不断遭受侵略的同时，也为科学知识和艺术风格不断注入了新的生命力。塞尔柱人也赋予了阿拉伯艺术和波斯艺术某种独特性，同时推动了科学领域的发展和创新。

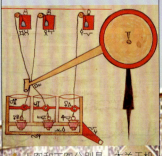

◆ 上图和下图分别是一本关于机械运作书的插图，演示了波斯人使用的时间测算方法。

游牧民族入侵

从10世纪末开始，伊斯兰世界就不断遭受游牧民族的入侵，其中，最早入侵的是土耳其人。1220年至1225年，蒙古人又占领了东部地区的辽阔疆域。在11世纪至15世纪的摩洛哥，同是具有柏柏尔人血统的阿尔莫拉维德人、阿尔莫哈德人和马林人分别建立了属于自己的王朝。他们在建筑领域相互影响，出现了一种新式清真寺，伊朗伊斯法罕清真寺就是其中的代表。

阿拉伯的影响

阿拉伯伊斯兰艺术和科学通过被征服地区在西方广泛传播，如，伊比利亚半岛的安达卢斯王国，它位于西班牙南部地区，建有多座具有穆斯林建筑风格的城市。伊斯兰教的影响也在地中海沿岸城市扩大，伊斯兰世界和这些海上城市保持着密切的贸易往来。

❖ 伊斯兰艺术中经常出现的神话形象狮身鹰首兽（狮鹫）。右图是11世纪比萨的狮身鹰首兽。

萨拉丁

　　萨拉丁（1138—1193）是伊斯兰教伟大的领袖人物之一，曾是埃及、叙利亚和巴勒斯坦的苏丹领袖，他的权力一度延伸至阿拉伯、也门、利比亚和美索不达米亚平原。萨拉丁是伊斯兰教正统派人物，他与基督教徒作战，为穆斯林夺回了耶路撒冷，从而引发了英格兰国王"狮心王理查"（Ricardo Corazón de León）领导的第三次十字军东征。其子阿夫达尔（Al-Afdal）继任后，开启了阿尤布王朝的统治。

❖ 伟大领袖萨拉丁在大马士革被其将士环绕的雕像。

❖ 12 世纪塞尔柱帝国时期带有装饰的罐子。

历史由来

　　源于土耳其的柯尼克部落最初建部于咸海北部，后在 10 世纪皈依伊斯兰教，并在西柳克（Silyuq）的领导下向南迁徙。其后代阿尔普·阿尔斯兰（Alp Arslan，1063 年至 1072 年在位）则是塞尔柱帝国真正的创建者。

穆瓦希德王朝的没落

　　12 世纪，在摩洛哥的穆瓦希德人宣布要回归其最初的信仰：遵循《古兰经》文本。在征服突尼斯和巴利阿里群岛后，穆瓦希德王朝建立，统治范围从葡萄牙扩展到的黎波里。1212 年，基督教徒在托洛萨战役中击败穆瓦希德王朝，加之哈里发纳西尔（al-Nasir）的去世，以及因继位所展开的一系列内部争斗，接二连三事件的叠加导致穆瓦希德王朝彻底没落。

❖ 上图是 13 世纪穆瓦希德王朝的钱币。

❖ 这些是穆瓦希德王朝的重要人物，穆瓦希德王朝也是伊比利亚半岛上最后一个北非伊斯兰帝国。

奥斯曼土耳其帝国

　　13世纪末期，塞尔柱帝国没落后，安纳托利亚的奥斯曼土耳其部落逐步壮大，最终建立了一个统治长达7个多世纪、跨越辽阔疆域的帝国。虽然14世纪在苏丹王巴耶济德一世（Beyazid I）的统治下，奥斯曼土耳其帝国迎来了最辉煌的时期，但是，直到1453年，穆罕默德二世（Mehmed II）才践行了他的伟大愿望：征服君士坦丁堡。拜占庭帝国灭亡，君士坦丁堡更名为"伊斯坦布尔"，成为奥斯曼土耳其帝国首都，也是对西方基督教发出的明确警示。◆

征服者巴耶济德一世　巴耶济德一世（1360年至1402年在位）统治下的奥斯曼土耳其帝国达到了鼎盛时期。1389年至1402年，帝国攻占了保加利亚和小亚细亚的多个王国。上图是1599年波斯细密画，正在聆听大臣阅读一封信件的苏丹王。

19世纪埃德蒙·贝尔宁格（Edmund Berninger）画作，君士坦丁堡

帝国首都

　　君士坦丁堡曾是拜占庭帝国首都，以及基督教最大的圣殿圣索菲亚大教堂所在地。君士坦丁堡拥有的防御设施，由三层城墙、护城河和护壁相互叠加组成，在当时近乎坚不可摧。当奥斯曼土耳其帝国开始进攻时，君士坦丁十一世巴列奥略（Constantino XI Paleólogo，1405–1453）在城墙上披甲持剑，宣称宁可战死，也要坚守城池。最终，他践行了自己的豪言，壮烈殉国。

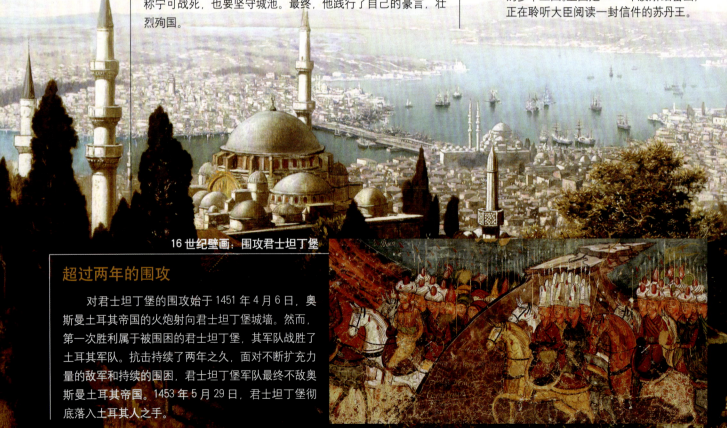

16世纪壁画：围攻君士坦丁堡

超过两年的围攻

　　对君士坦丁堡的围攻始于1451年4月6日，奥斯曼土耳其帝国的火炮射向君士坦丁堡城墙。然而，第一次胜利属于被围困的君士坦丁堡，其军队战胜了土耳其军队。抗击持续了两年之久，面对不断扩充力量的敌军和持续的围困，君士坦丁堡军队最终不敌奥斯曼土耳其帝国。1453年5月29日，君士坦丁堡彻底落入土耳其人之手。

19 世纪的奥斯曼一世（Osmán I）雕像

伟大的奥斯曼一世

1288 年，奥斯曼一世（1258–1326）继任部落首领，领导土耳其部族，最终建立了奥斯曼土耳其帝国。两年后，奥斯曼一世率部脱离塞尔柱土耳其人，吞并邻国，扩大疆域。他先后征服了埃斯基谢希尔和强大的拜占庭帝国城市耶尼谢希尔等地，拜占庭的两大城市布尔萨和尼西亚也臣服于他的统治之下。1326 年，他的儿子奥尔汗（Orhan，1281–1362）继位。

苏丹通过铸造货币和强制税收巩固内部统治，为其军事行动提供资金保障。

帝国卫队由精锐军团组成，其中尤为突出的是耶尼切里军团（即苏丹亲兵），这是一支由年轻的基督教徒和改信伊斯兰教战俘组成的队伍。他们以军事能力和宗教热情著称。

征服的欲望

拜占庭帝国的衰落让奥斯曼土耳其帝国夺取君士坦丁堡的野心进一步加大，这座伟大的首都被奥斯曼土耳其帝国视为敌军的标志性象征。穆罕默德二世（1432–1481）在一场持续多年的战役中击败了拜占庭这个强劲的对手，双方的争斗导致上千人伤亡。

❖ 15 世纪绘制的《拉丁纪事》地图，君士坦丁堡部分。

穆罕默德一世（Mehmed I）的苏丹国

巴耶济德一世在 1402 年安卡拉战役战败后身亡，苏丹国的继承者为争夺王位经历了十余年的纷争。最后，穆罕默德一世（1389–1421）战胜了他的三个兄弟，于 1413 年自封为苏丹。8 年后去世。

❖ 穆罕默德一世巩固了王国的边境力量，征服阿尔巴尼亚和瓦拉几亚的部分地区。

社会和日常生活

社会和日常生活

《古兰经》教义

穆斯林的一切社会生活都被赋予了浓重的宗教色彩。没有任何一种社会活动、生产活动、职业活动或文化活动是没有规则约束的，而这些活动都是依据《古兰经》教义和基于《古兰经》的法律设立的。

无论穆斯林生活在沙漠、村落，还是城市的任一角落，都以《古兰经》教义为指导标杆、行为界限的标尺。每一个人都应不分年龄、性别，严格恪守准则，做一个好的伊斯兰教信徒。

这些法律被统称为伊斯兰教法，是一种现行的用于规范社会和政治生活的法律规定。《古兰经》和另外一些可靠圣训，以及伊斯兰教的传统和公议，是构成整个伊斯兰教法的基础。

伊斯兰教法早期以先知穆罕默德所受启示为主，先知传达真主的回答就是法律。后期发展过程中，集体共识规范逐步添加进来，个人行为受到集体法规的约束。由此，个人和集体紧密相连，在真主面前人人平等。

❖ **阅读**圣书是重要的活动之一，下图是 16 世纪先知穆罕默德传记的选页。

穆斯林的教育

如果说宗教信仰是穆斯林社会秩序的基础，那么，《古兰经》涉及的教育则是穆斯林社会的重要支撑。

从先知穆罕默德时代开始，穆斯林非常重视对真主戒律的认知教育。实际上，每个穆斯林都应背诵、记忆一定量的《古兰经》段落，有一些被称为"哈菲兹"的人，能够完全记住《古兰经》教义全文。

随着伊斯兰教的广泛传播，清真寺作为穆斯林圣地，其对宗教教育的作用获得了新的发展。清真寺成为宗教教育传道授业的场所。随后，又出现了首批被称为"昆它布"的教育场所，以及致力于学术活动的"智慧宫"和"科学馆"。随着时间的推移，专业的高等学校和宗教学校也陆续出现，进一步巩固了伊斯兰教育体系。

对伊斯兰教来说，教育是让伊斯兰信徒与真主更为接近的关键。按照先知穆罕默德的说法："安拉把他的恩惠给予这样的继承者：他们发扬光大了言行，并将其传达给安拉的仆人们。"

集体生活

穆斯林国家幅员辽阔，穆斯林社会主要在沙漠、村落和城市三种环境中发展。

首先是沙漠中的游牧民族。他们为寻找赖以生存的草场和水源而不断跋涉，途中经常要面对严峻的地理条件和气候环境。通常来说，游牧民族和定居居民之间的关系非常紧密，二者分属商品交易活动的两方。对于游牧民族来

❖ **宫殿。**位于西班牙的阿尔汗布拉宫，堪称宏伟的穆斯林建筑瑰宝。

❖　陶瓷、瓷砖和玻璃的工艺品对穆斯林来说远比雕刻和绘画更重要，左图是雕有装饰图案和花纹的器皿。

行为准则

❖❖❖

穆斯林个人的行为准则和社会规范是根据《古兰经》和其他先知圣训所记载的教导建立起来的。

其中，最重要的是行善，这是伊斯兰教的神圣使命。

根据这一戒律，所有穆斯林都应谴责任何有悖于此圣命的行为。

《古兰经》教义中规定了礼仪标准、相互问候的举止和语言、特殊场合的祝贺方式，以及特定情况的安慰方式。

此外，《古兰经》对传统服饰的使用也有规定，其中最有代表性的是象征穆斯林尊严的头巾和朝觐麦加时必须穿着的白色朝觐服，这都象征着对真主的忠贞。

说，他们出售牲畜、奶制品和肉，用以换取他们无法生产的谷物和工业产品。

实际上，游牧民族对伊斯兰教的发展来说十分关键，因为是他们将伊斯兰教传到了国家的边境之外。在某种程度上，可以说他们是传播伊斯兰教的"先锋"，开启了穆斯林对新地区的精神征服。

不仅游牧民族对伊斯兰的文明发展具有重要意义，那些定居在城镇和村落的居民对伊斯兰的文明发展也做出了重要的贡献。

事实上，大部分穆斯林都是在城镇和村落中度过一生的。在这里，他们发展出了一种独特的宗教生活及相关场所，其中最为特别的就是举行葬礼的礼拜堂。

最后就是城市。城市的主要生活集中在两个场所进行——清真寺和集市。通常，清真寺旁毗邻着一个大型集市，在这里可以买到各式各样的商品，从食物到精美的玻璃器皿，从书籍到地毯，应有尽有。

城市的街巷以清真寺和集市这两个主要中心为基点呈扇形向外辐射，城市的居民居住在这些街巷中。

❖　建于12世纪末期的印度新德里伊斯兰清真寺——**库窝特乌尔大寺遗址**全貌。

穆斯林的集市

集市远在伊斯兰教建立之前就已经存在了。早在前4世纪，随着人口的快速增长，商业贸易活动开始增多，形成了许多贸易集散点。4世纪至5世纪，集市开始形成，居民和商人在这里互换商品，这些集散点就是穆斯林集市的雏形。

集市可以说是一座"小型城市"，商业贸易、宗教和社会活动都在这里进行。不计其数的商店根据种类分布排列，有时其排列顺序也会受清真寺或伊斯兰学校的位置影响而有所改变。

穆斯林集市保留了16世纪到17世纪的建筑美学形式。穆斯林的集市被五颜六色的装饰所包围，空气中弥漫着各种香气，集市本身就是一座引人入胜的"舞台"。在这个迷宫式的集市

《古兰经》严谨的律例

❖❖❖

伊斯兰教法以严格执行惩罚和制裁为特色。一般来说，对违规行为的处罚采用最传统的方式，其中一些方式可谓非常严苛。

穆斯林最无法接受的罪行包括通奸、盗窃、酗酒和吸毒。当然，任何不尊重伊斯兰传统习俗的行为，都可能面临入狱、遭受酷刑，甚至处以死刑的惩罚。用于惩处罪行最常用的方式有：石刑，主要用于惩罚女性通奸。若发生盗窃，最常用的手段是截断一只手或两只手，如果再犯，则会被砍去双脚。在所有宗教犯罪中，最严重的刑罚是处以死刑，尤其是亵渎真主安拉的罪行。

里，人们可以找到任何一件日常生活所需的物品。此外，这里也是发展社交关系和学习宗教知识，抑或参与社会、政治讨论的理想场所。从这个意义上说，集市扮演着联系、融合多种文化和社会活动的角色，同时还是知识和经验社会化的聚集地。

穆斯林的住宅

集市和清真寺周围辐射出许多街巷，穆斯林的房屋就在这些小巷的两侧紧密排布。住宅的样式和面积根据所处的地理位置而有所不同。

房屋的外墙非常朴实，没有太多的装饰和突出雕饰，最多只有几扇小窗，以保证室内生活相对隐蔽，无法被透视或偷窥。同时，这种简洁的风格可以理

❖ **不同的地理和文化**并没有阻止伊斯兰教在辽阔无垠的土地上生根、发芽。下图是14世纪一位印度大使觐见加兹尼王朝苏丹马哈茂德（Mahmud）的场景。

解为不过分追求世俗享受，更渴望对精神世界的追求。

房屋的内部结构反映着家庭生活的内容，首先是和妇女的关系：大门入口旁的门厅允许男人进出，但他们不会与屋内的女人们碰面。门厅的面积和装饰通常与房屋主人的社会地位和经济地位相对应。通常，男人们聚集在这里讨论与信仰、政治、文学等有关的问题。房屋的其余大部分空间用于女性劳作、料理家务。不过，随着时间的流逝，私人生活变得更加民主化，男人和女人已经开始共享传统意义上非公用的空间。

❖ **图阿雷格人** 他们和其他游牧民族一样信仰伊斯兰教，并对伊斯兰教在非洲北部的传播做出了贡献。左图是撒哈拉沙漠的一位图阿雷格首领（绘于约1850年的版画）。

穆斯林女性

传统意义上，穆斯林妇女的地位相对较低，不过，随着社会的发展和变迁，她们的地位和评判已逐渐得到改善。但从男性角度来看，这种不平等依旧是显而易见的。作为男人，可以同时迎娶四个女人。如果女人与另一个男人共同生活，就犯了最严重的罪行之一——通奸罪。

当然，这并不是唯一偏向男性的不平等现象。比如，男性可与非穆斯林女性结婚，而女性却没有这样的权利。同样，男性可以单方面离婚，而女性必须在当局各个相关部门完成烦琐的手续才能离婚，而且，离婚后的女性会失去对共同子女的监护权。以上只是冰山的一角，此外还有，在审判过程中，男性证词比女性证词的采信度要高出两倍；在遗产继承时，男性在任何情况下均享有女性双倍的占比份额。

对女性的大部分约束源于《古兰经》的文字和圣训，其中包括要求女性保持端庄、克制，需要以面纱遮盖脸庞，不能穿着任何带有装饰的衣物。

此外，根据伊斯兰传统，为了安全，穆斯林妇女活动应局限在家庭内部。尽管没有禁止她们在清真寺内做礼拜，但最好与其丈夫一同在家中完成。女性的衣着也体现了明显的男女不平等，她们需要从头到脚掩衣着，服饰，几乎很难从面部区分她们。

不过，20世纪不断加速的现代化进程也推动着穆斯林男女平等的发展。只是这一变化在整个伊斯兰世界也并不是同步进行的，很大程度上取决于每个国家的风俗习惯。

梦幻般的城堡：阿尔汗布拉宫

穆斯林的城市发展在许多地方都留下了独特的地标性建筑，有恢弘的宫殿、清真寺和特色集市，也有作为防御工事的城墙。阿尔汗布拉宫就是最杰出的代表作之一。阿尔汗布拉宫被城墙包围，占据萨比卡山的大部分，处在险要的战略位置，从这里可以俯瞰整个格拉纳达城和肥沃的平原。由于其外墙为红色，而"alhambra"源自阿拉伯语"abu Alahmar"（红堡），也因此得名"阿尔汗布拉宫"。它的建城史可以追溯至9世纪。当时，科尔多瓦哈里发王国位于格拉纳达。沙瓦·本·哈登（Sawwar ben Hamdun）曾为了躲避内战在其中的阿卡萨巴碉堡避难。后来，优素福一世（Yúsuf I，1333年至1353年在位）和穆罕默德五世（Mohamed V，1353年至1391年在位）均对留下来的主要建筑进行了修缮和扩建，这才有了如今的辉煌与壮丽。特别值得一提的是对阿卡萨巴碉堡和皇宫、司法门的改建；对塔楼的扩建及重新装饰；对浴场、科马列斯宫、小船厅、狮子中庭及其相连房间的重建。

❖ **启程**。一位穆斯林从阿尔汗布拉宫启程。哈里·汉弗雷·穆尔（Harry Humphery Moore）绘于1887年。

巴格达

8世纪，阿拔斯人在底格里斯河畔建造了巴格达城。城市很快在商业贸易、文化和科学方面获得了巨大发展。巴格达城被两层城墙环绕，城墙上各有等距的四道城门，城内耸立着许多石制建筑，还有雕刻精美的清真寺，巨大的圆顶无不彰显着它的辉煌。◆

城市到处可见一两层高的石制**建筑**，周围遍布各类商人和工匠艺人的足迹。

古巴格达的生活概述

城市的生活

巴格达是阿拔斯王朝政权下的主要穆斯林城市，一直非常繁荣。大街小巷随处可见各类工匠艺人、商人、居民在互换所需物品。另外，《古兰经》的诵读者和年轻弟子也会出现在这里的小巷和街道上。

灌溉**用水**和生活用水是巴格达城居民最关切的重要问题之一。他们为此发明和建造了许多大型水车，用于低位取水、储水和分配。

商队 商队在城市中十分常见，身载货物的牲畜构成一幅独特的风景，吸引着纷至沓来的商人和买家。

服饰 在巴格达的街道上可以看到居民们身穿各色服饰，最典型的是长及脚踝的长袍和用于遮阳的裹头布。

孩子们会跟随母亲在城中采购。除了宗教戒律和礼仪，并不是所有孩子都能够接受系统的学校教育。

阅读和学习《古兰经》是每个穆斯林的神圣活动。此外，科学的发展也促进了知识的传播和交流。

工匠艺人　巴格达的街市上随处可见各式各样的手工商品，它们大多是现场制作的。最突出的工匠是玻璃工匠，他们会制造各种玻璃罐玻璃杯和玻璃瓶。

捕鱼业在底格里斯河十分常见。在河的两岸，每天都能遇到捕鱼的渔民。

纺织业　纺织品是重要的手工艺品之一，商人们会出售和展示他们制作的斗篷、布料和地毯。

集市

阿拉伯集市聚集了众多的商人和朝觐者，他们戴着头巾、穿着长袍，在店铺或石路两侧的建筑旁歇息。通常来说，这个区域是被提前建设好的独特区域，当地居民会到此买水果、香料、手工艺品，同样也会在这里找工作，如理发师。◆

商队客栈 商人、驼队和朝觐者都会聚集在商队客栈里。为到达目的地，朝觐者会通过出售家乡最珍贵的产品换取朝觐路途中所需的费用。

骆驼 主要的驮运工具，它们的耐力使其成为极端气候条件下长距离运输货物的理想之选。

商人们在街道两侧石头建筑的阴影里歇脚。他们有序地在固定的摊位前排起长队。

社交场所 集市是一个大型社交场所，来到这里的男男女女不仅可以购物，也可以消遣，交谈，比如玩棋牌游戏。

品种繁多 商人们出售的货物琳琅满目。当地的水果种类繁多，如西瓜、甜瓜、柠檬、橘子、葡萄、桃子和苹果等。

商队驿站

　　阿拉伯地区是驼队和商人途经的主要地区，他们的生活就和沙漠里的游牧民族一样。贸易的发展，使城市居民为这些商人建造了一些用于歇息的客栈。这些客栈通常分布在城市中心的出发地和目的地。这些商队驿站中比较有建筑特色的是塞尔柱帝国、倭马亚王朝和马穆鲁克苏丹国的商队客栈。◆

玻璃工艺品是贸易交流中最珍贵的物品之一。上图是一只骆驼工艺品，上面装饰着骆驼商队满载的货物。

在旅站或驿站歇息

商铺

　　在城市里，商业贸易和手工业活动主要集中在与住宅区分开的区域。集市通常位于大型清真寺附近，同时也是城市的经济中心。贸易按行业分布。每个集市都有一个被称为"穆哈泰西卜"的监管人，他的职责就是监管货物的尺寸和重量。

公寓　驿站的楼上是为商人预留的房间，通常是两层或三层的套房。

主要贸易路线

　　伊斯兰各王国推动了供商业驼队歇息客栈的发展，并控制了当时四条主要贸易交流轴心路线的大部分：黄金之路（北非）、阿拉伯香路、丝绸之路（中亚）和香料之路。

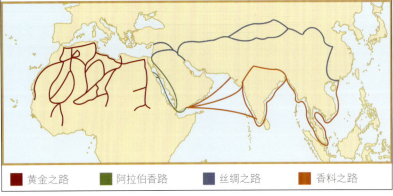

| ■ 黄金之路 | ■ 阿拉伯香路 | ■ 丝绸之路 | ■ 香料之路 |

商业作坊　一层是面向大街的店铺，通过走廊可以到达连接仓库的内院。

倭马亚王朝的商队驿站

最早的商队驿站是由倭马亚王朝于 7 世纪到 8 世纪在叙利亚和约旦建立的，后来被阿拔斯人沿用，波斯人习惯称其为"khan"。

❖ 通常，商队驿站仅仅是防御性建筑，不用于住宿。很多时候，如在叙利亚东海尔堡，驿站就和皇宫在同一区域。

里瓦克 伊斯兰建筑中的重要元素，常用于室内和室外空间的过渡。

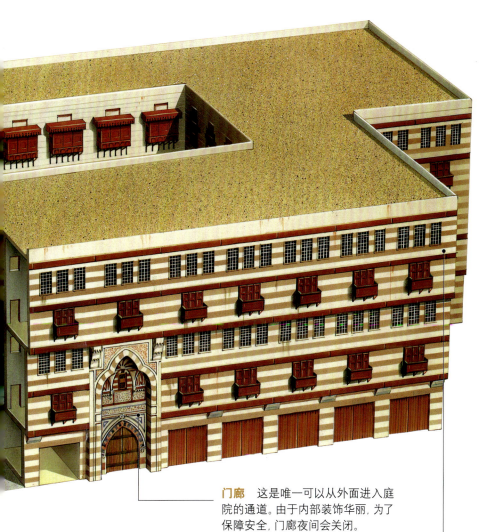

门廊 这是唯一可以从外面进入庭院的通道。由于内部装饰华丽，为了保障安全，门廊夜间会关闭。

庭院 骆驼和其他运输牲畜的歇息地，中心地带通常会有一个喷泉。

外立面 驿站设置了带有百叶窗的阳台，卧室的窗户是用木板条固定的三扇窗户。

塞尔柱帝国的商队驿站

12 世纪，塞尔柱帝国的罗姆苏丹国建立商队驿站，鼓励通商。驿站通常会给商人提供住宿的房间，还有公共浴室。他们在安纳托利亚修建了驿站网，将驿站的间距设置为一个驼队大约一天的行进里程（35 千米）。这种模式后来被奥斯曼土耳其帝国和萨非王朝沿用。

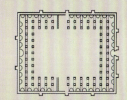

开放式驿站

土耳其安塔利亚省，**埃夫迪尔驿站**
这是最常见的驿站类型，开放的长廊围绕着一个大型的中央庭院。

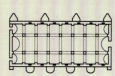

封闭式驿站

土耳其阿玛西亚，**埃济内驿站**
中央院落通常带有拱廊，拱廊连着一个、三个或五个中殿。

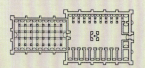

混合式驿站

土耳其阿克萨赖省，**苏丹哈讷驿站**
开放式庭院和封闭区域相连，通常带有一个小型清真寺。

阿尔汗布拉宫

阿尔汗布拉宫是穆斯林向伊比利亚半岛渗透并施加影响的证据，它的名字源于极具特色的红色外墙。宫殿坐落在达罗河左岸的山顶上，占据战略高位，可俯瞰整个格拉纳达地区。尽管有证据表明，它始建于9世纪，但直到4个世纪后，奈斯尔王朝开国君主穆罕默德一世（1238年至1273年在位）才在这里建造他的皇宫。这个建筑群作为一个整体，无论是宫殿还是清真寺，各种建筑都展现出精美的对称性。◆

修缮与扩建 奈斯尔王朝君主优素福一世（1333年至1353年在位）和穆罕默德五世（1353年至1391年在位）下令修缮大部分宫殿。其中，重建后比较突出的建筑包括阿卡萨巴碉堡、正义门和扩建装饰后的塔楼。

阿尔汗布拉宫全貌

围墙之城

阿尔汗布拉宫占据了格拉纳达城萨比卡山的大部分地区，绵延不断的宫墙使其独立于城市之外。宫墙里面有宏伟、辉煌的清真寺和宫殿，还有学校和讲习所。

布阿卜迪勒（Boabdil）在阿尔汗布拉宫的略传

出逃

1492年，天主教君主征服了格拉纳达王国，奈斯尔王室被迫从阿尔汗布拉宫出逃。布阿卜迪勒，这个穆斯林王朝的最后一位苏丹王，被迫放弃王宫，放弃这个围墙之城，将其让给基督教国王。据说，当被迫离开格拉纳达时，布阿卜迪勒表现出极大的悲伤，他的母亲用这样一句话评价他："你没有像个男人一样保护我们的国家也就算了，还哭得像个女人。"

穆斯林的占领

穆罕默德·本·纳扎尔（Mohamed－Ben－Nazar，即穆罕默德一世），因其胡须的颜色，更多的时候被叫作"红色哈玛尔"。1238年，穆罕默德一世占领了格拉纳达城，他下令开始修建阿尔汗布拉宫，后由其子兼继任者穆罕默德二世（Mohamed II）进行了完善和扩建。

◆ 15世纪的木版画，再现了格拉纳达阿尔汗布拉宫的全景。

狮子泉

狮子泉建于 14 世纪上半叶，具有多种象征意义。其中最特别的意义是它代表着以色列十二支派。两头前额带有三角形状的狮子象征犹大和利未支派。另外，喷泉的十二头狮子也和黄道十二宫有关。

❖ 喷泉和其中的几头狮子。诗人伊本·扎姆拉克 (Ibn Zamrak) 和所罗门王 (Salomón) 为其作过一些题词。

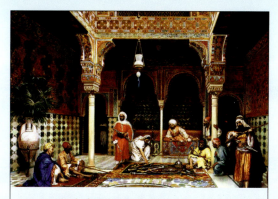

阿尔汗布拉宫的内部

宫殿内部装饰奢华，墙壁和门上布满精美的图案，包括各式植物和几何石膏浮雕；两端设券柱柱廊，柱子纤细、轻巧，柱头和券表面满是花纹饰、铭文饰和形状各异的几何纹饰；棱格窗户和工艺精巧的栏杆连接，直达屋顶。

❖ 阿尔汗布拉宫的枪手。菲利波·巴拉迪(Filippo Baratti) 绘于 1878 年。

建筑 阿尔汗布拉宫是一个结构复杂的建筑群，其中不乏对宫廷生活的反映。比如，后宫在整个建筑群中有着极其重要的地位。

爱神木中庭

爱神木中庭是科马列斯皇宫的中厅，其建造历史可追溯到 14 世纪初期，由爱神木（即桃金娘木）围绕的中央池塘最具特色，池水如镜，倒映着两侧的景物和科列马斯塔。庭院两侧连接多个独立的房间，顶端的正殿为皇帝朝见使节举行仪式的地方，正殿是整座宫殿最大、最豪华的厅。

❖ 爱神木中庭也被称为"池塘中庭"，因为这里拥有整座城市中最漂亮的池塘。

伊斯兰教在印度

　　尽管伊斯兰教在8世纪初就传到了印度，但是，伊斯兰教在印度版图上真正传播却是在4个世纪后的倭马亚王朝时期，随着德里苏丹王国的建立才真正开始影响印度。从那时起，由于反复无常的政治和宗教危机，伊斯兰化进程被碎片化，经历了多个王朝的更迭。最后，16世纪初，莫卧儿帝国的建立成为穆斯林权力在印度最后的辉煌。◆

穆斯林的入侵对佛教是一个沉重的打击，尤其是对普通阶层的民众。这意味着对正统婆罗门教的侵蚀。上图是14世纪至15世纪的象头神坐像。

起源

　　1206年开始，随着德里苏丹王国的建立，印度开启了穆斯林时代，直到1526年被莫卧儿帝国取代。13世纪末，像德干高原、古吉拉特邦这些重要地区也受到了伊斯兰教的影响。

◆ 穆斯林的影响在艺术上有所体现。16世纪德干高原比达尔王国的精美首饰箱。

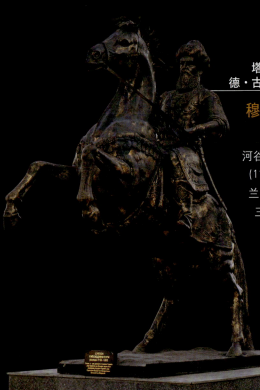

塔吉克斯坦杜尚别附近的穆罕默德·古尔（Muhammad de Ghor）的雕像

穆斯林的发展

　　直到9世纪初，穆斯林才穿过印度河谷。此时，阿富汗的穆罕默德·古尔（1139-1202）征服了北印度，为伊斯兰教的传播开辟了新路线。在随后的三个世纪里，穆罕默德·古尔和他的继任者一直致力于将该地区伊斯兰化。他手下一位马穆鲁克（奴隶兵）出身的将领库特布丁·艾伊拜克（Qutab-ud-din Aybak，1150-1210）建立了德里苏丹国。

清真寺特有的**大圆顶**在德里的清真寺中保留了下来。另外，伊斯兰教高高的宣礼塔通常耸立在清真寺的周围，塔身有着精美的雕饰。

19世纪的细密画，德里清真寺

德里苏丹国的影响

从13世纪初开始，德里作为印度伊斯兰世界的中心变得尤为重要。直到1316年，这座城市始终是新马穆鲁克王朝的政治中心，也是伊斯兰化的推动者，在这个进程中反复发生民众起义和政治叛乱。德里见证了无数血腥的争斗，一直处于被入侵的潜在威胁之下。

德里清真寺**建筑群**是最具象征意义的伊斯兰艺术代表，那些廊柱支撑的宽阔回廊、拱门及精美雕饰的大门都让人流连忘返。

决胜之战

帖木儿汗国王子巴布尔（Babur）在印度建立了莫卧儿帝国。在此之前，他曾四次入侵印度，意图扩大其影响，但均以失败告终。1526年4月，他开始了第五次入侵行动。巴布尔在帕尼帕特战役的首场战斗中对战苏丹易卜拉欣·洛迪（Ibrahim Lodi）的军队。巴布尔军队依靠火力优势压制住了洛迪军队，并很快取得胜利，从而正式开启了穆斯林在印度最后的辉煌阶段。

❖ 帕尼帕特战役根据16世纪末波斯手稿绘制的细密画。易卜拉欣·洛迪在帕尼帕特战役中战死。

伊斯兰教在非洲

非洲大陆的伊斯兰化对其贸易发展有着决定性影响。实际上，众所周知的运输盐、黄金和奴隶的商队就是殖民化的重要推动力。从8世纪开始，殖民进程就在非洲北部推进。之后，伊斯兰教的渗透在非洲西部、中部展开。这些地区的王国被殖民者征服，他们被迫放弃自己万物有灵的信仰，皈依伊斯兰教。直到15世纪，通布图一直是伊斯兰教发展最辉煌的地区。

14 世纪的阿散蒂青铜壶

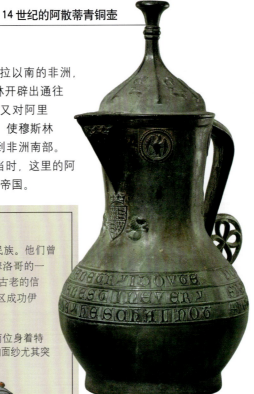

穆斯林渗透的开端

8 世纪到 11 世纪，穆斯林渗透到撒哈拉以南的非洲，该地区的商人接受了伊斯兰文化，为穆斯林开辟出通往非洲大陆西部的商队路线。之后，穆斯林又对阿里莫拉维德王朝的柏柏尔人实现了伊斯兰化，使穆斯林的势力范围从摩洛哥和安达卢斯一直延伸到非洲南部。1076 年，穆斯林继续征服了古加纳王国，当时，这里的阿散蒂人已通过贸易把加纳发展成一个强大的帝国。

伊斯兰教在多个部落建立了自己的信仰统治。在此之前，泛灵论仍然处于盛行状态，其起源可以追溯到非常遥远的年代。上图是一块在尼日利亚发现的木板，上面刻有《古兰经》教义。

沙漠居民

图阿雷格人是北非一支重要的柏柏尔游牧民族。他们曾在 8 世纪遭到谢里夫（chorfas）的入侵，这是摩洛哥的一个战斗民族，尽管他们的入侵没能使原住民放弃古老的信仰和许多泛灵论传统，但还是将这里的大部分地区成功伊斯兰化。

❖ 1835 年的彩色石版画，描绘了撒哈拉沙漠里两位身着特色服饰、手执武器的图阿雷格战士。用于遮盖面部的面纱尤其突出，几乎连眼睛都无法看到。

奴隶贸易

伊斯兰世界大多数的黑奴来自乍得湖地区的卡内姆·博尔努帝国（11 世纪至 19 世纪），他们主要是约鲁巴人、努佩人和贝宁人，从事金属生产。奴隶被带到商队后，与货物无异。

❖ 13 世纪约鲁巴铜人头像。

非洲麦加

通布图成为马里王国首都后，很快也成为伊斯兰教在非洲的新中心。这里开始传播新的信仰和文化，也是穆斯林殖民非洲的重要推动力量。通布图被追随先知穆罕默德的非洲人认为是一座圣城，虽然之前的宗教在逐渐让位，但它确实曾是一座拥有多年基督教历史的城市。

修复前的津加里贝尔清真寺，位于通布图城内

由土坯建造的**护墙和横梁**是通布图清真寺的突出特点之一。这种建筑风格被称为"迪尤拉"，因被迪尤拉人传播而得名。

坎坎·穆萨

14 世纪，坎坎·穆萨国王将马里王国发展成一个繁荣的商业贸易中心，积累了无数财富。成功的关键在于他垄断了跨撒哈拉沙漠地区的贸易，多个非洲、亚洲和欧洲王国参与其中。然而，一个世纪之后，桑海帝国的入侵终结了其曾经的辉煌。

❖ 上图，1375 年《加泰罗尼亚地图集》绘制的世界地图上马里国王坎坎·穆萨的图像。

沙漠之珠

据说，通布图最初由图阿雷格部落建立，曾是人们为穿越撒哈拉沙漠的长途旅程而修建的一个驿站。作为盐运和金矿商路的战略要地，这里逐渐发展为一座城市，并在很短的时间内蜕变为该地区最重要的城市和商业中心。实际上，15 世纪前后这里已有超过 10 万居民。这座城市以运送盐和金矿于此的商队闻名，也是穆斯林文化和科学中心。它拥有自己的大学，还有整个非洲大陆最古老的三座清真寺。

❖ 17 世纪描绘通布图城的版画。

神话与信仰

神话与信仰

永恒的朝圣

穆斯林的精神生活以神圣文本为准则。《古兰经》是伊斯兰教义和法律的第一源泉。圣训就是"先知穆罕默德传教、立教的言行记录"，而"先知穆罕默德和前四位正统哈里发的言行记录"，作为仅次于《古兰经》的基本规范。

在任何情况下，穆斯林的宗教生活和世俗生活都是息息相关的。根据伊斯兰教传统，大天使吉卜利勒显灵，授予先知穆罕默德以下圣命："你应当奉你的创造主的名义而宣读，他曾用血块创造人。你应当宣读，你的主是最具尊严的，他曾教人用笔写字，他曾教人知道自己所不知道的东西。"从那时起，真主的启示就开始了，即《古兰经》开始降示了，先知以具体行动传达这些启示，门徒则将先知传教中的言行收录并尊奉。最初，在所谓的原始伊斯兰时期，先知穆罕默德的圣命和教义都是通过口述或刻写在各种载体上传播的，比如，棕榈叶和皮革。先知穆罕默德于632年归真后，所有传播的教义均被收录并整理在同一个文本之内，这就是《古兰经》。

对穆斯林来说，《古兰经》本身就是真主的杰作，是由先知穆罕默德逐字逐句传达的。因此，这本著作是神圣且独一无二的，它被完整地保留了下来，未做任何改动。有一些坚持将《古兰经》视为一部旷世奇作的观点甚至认为，先知穆罕默德是不识字的文盲，他对于自己传道的大部分主题一无所知，这些话语完全是由真主直接降示于他或出自真主的另一些使者之口。

❖ **立面**　清真寺依据其地理位置呈现不同的建筑结构特点。下图为马里的杰内大清真寺。

《古兰经》的结构

《古兰经》分成114"苏拉"（章），共6 236节经文。每节都以"太斯米"（或泰斯米）开头，不断重复，意为"奉至仁至慈的真主之名"。通常，"太斯米"不算入小节的计数中，如果加上，将会有6 348节。第九章是唯一不以"太斯米"开头的章节，据专家所说，这个章节是与前一章节相连的。

由于一些《古兰经》学派拒绝承认其中两节经文的内容，认为它们是伪造的。因此，只修改了确认的经文，修改后，共计6 346节经文。

每个"苏拉"都有一个名称，这个名称和章节内部分文本内容有关。独特之处在于，它们的排列顺序不是按照启示时间的先后顺序，而是根据

❖ **宏伟**。穆斯林朝觐麦加的夜景。

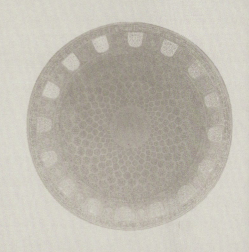

真主的语言

"真主创造"，这个词对穆斯林来说是独特而崇高的象征。当然，真主安拉通过大天使吉卜利勒向先知穆罕默德传达的降示旨意也同样重要。

因此，《古兰经》原文中古典阿拉伯语的写法是不能被改变的，也不会接受任何对它的释义或修改。

当《古兰经》这部神圣文本被翻译给非阿拉伯穆斯林时，这种翻译只被认可用于教学目的，是不具备原始语言中的神圣信仰。

此外，做礼拜仪式时只能用阿拉伯语进行。

篇幅长短编排，这种编排方式是根据天启而定，而非人为随意编排。唯一例外的是名为"开端章"的第一章节，虽然短小，却位于所有章节之首。从此以后，《古兰经》的排序就和篇幅长短有关了。

另外，根据《古兰经》"苏拉"的起源被分为两个部分，"麦加篇章"和"麦地那篇章"分别是先知穆罕默德在麦加和麦地那，也就是第一次大迁徙（称为"希吉拉"，这个词是对先知带领信众离开麦加，迁徙到麦地那事件的简称）后所受的启示。

从降示到传播

根据伊斯兰教传统所述，先知穆罕默德出生在麦加的山区，一个该地区驼队途经的重要地点。先知大概是在570年降生的。据穆斯林史学记载，先知穆罕默德从小是个孤儿，由其叔父阿布·塔里布（Abu Talib）抚养。

长大后，先知穆罕默德继承家族传统，成为一个商人。之后，他和一位富孀结婚。波澜不惊的生活直到他40岁的时候才出现转折。当他在一个山洞中冥想时，第一次看见大天使显灵。先知穆罕默德的生活彻底改变了，从此以后，他永远追随信仰的伊斯兰教。在收到真主需要他传教的圣命后，起初，先知向他最亲近的人（如亲戚）传教，然后慢慢地扩大受众范围，向麦加的居民讲道。

当成为真主的先知后，他曾说，他在世上的使命就是传讲真主的圣言，教导人们在最后的审判来临之前，要懂得忏悔、顺从和敬畏安拉。

❖ **岩石圆顶清真寺**无疑是穆斯林传统中最重要的建筑之一。墙面瓷砖的装饰和闪耀的金色圆顶展现了宏伟、绚丽的气势。

❖ **宝藏** 16世纪中期的《古兰经》典籍,苏丹王巴耶济德(Bayazid)将其捐献给耶路撒冷。

从这个角度来看,先知穆罕默德并不是在传播一个全新的宗教,而是在解救犹太人和基督徒后创下已随时间被扭曲的原始宗教。

先知的传教无疑是有效的,在提高名望的同时,还对那些不信任他的传教甚至直接指认他为扰乱者的人发出了警告。事实上,在成为先知的12年后,穆罕默德和他的许多信众不得不离开麦加,因为当时一些权贵将其不断扩大的名声视为一种威胁。

希吉拉,是对伊斯兰先知穆罕默德带领信众离开麦加,迁徙到麦地那事件的简称,是伊斯兰历史上具有里程碑意义的事件。伊斯兰教将622年作为其神圣宗教领导的起始年,同时,也是伊斯兰教历的元年。

从那时起,穆斯林拥有的信徒日益增多,逐渐征服了麦地那和麦加更多的地方,以及周边的城市。

伊斯兰教要求对真主安拉的旨意绝对顺从,而根据其教义,"伊斯兰"一词正是"顺从"之意,其他一神论宗教是没有这种含义的。

多种学派

伊斯兰教内部派别林立,他们都宣称自己为先知的合法继承者,表现出和其他派别不可共处的架势。最后的几次代表性运动中,瓦哈比派运动尤为突出。它出现在18世纪,当时,由穆罕默德·伊本·阿卜杜勒·瓦哈卜(Muhammad ibn Abd al-Wahhab, 1703-1792)创立,在阿拉伯地区掀起了一场旨在恢复原始伊斯兰教的宗教运动,其中也存在一些扭曲变形的元素。他坚持认为,苏菲派是逊尼派伊斯兰教的"叛教者"。他试图围绕伊斯兰教推行新的教育,就像最早的伊斯兰教信徒那样,但同时又拒绝任何创新。伊斯兰教的捍卫者同样为原始教义进行斗争,反对任何无科学道理的、对最初教条的背离。由于这场运动影响深远,瓦哈比派运动支持者被认为是原教旨主义的先驱也就不足为奇了。

伊斯兰教认为,宗教和世俗之间没有分别,世间万物都应顺从真主安拉的旨意。从这个角度理解,每个地区的政治领导者都应遵照真主的旨意进行管理和统治。因此,穆斯林很快就征服了整个阿拉伯地区。634年左右,穆斯林向巴勒斯坦进军。642年,他们先后击败了拜占庭帝国和萨珊王朝,其影响力扩展到了叙利亚、伊拉克、伊朗部分地区和埃及。

伊斯兰教的戒律

作为一种虔诚和包容的宗教,伊斯兰教否定个人主义,并教导人类要有爱心,做善事。为了集体的利益,伊斯兰教传道授业,培养科学智慧,传播科学知识。伊斯兰教的宗教包容性是其最原始的特征之一。除此之外,尊重其他民族和种族的差异性也是其原始特征之一。

伊斯兰教信奉唯一真主的存在。在伊斯兰教里,万物众生都应顺从、敬畏真主,真主是知道一切、感知一切的。

在伊斯兰教的信仰里,归真后的生命是确定的。只有顺从真主的那些人,才能再次享有生命。

仪式与拜功

穆斯林特别重视清真寺内外的生活,因此,他们所有的生活都围绕"顺从"这一主题。

根据伊斯兰教传统,穆斯林每天

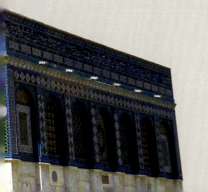

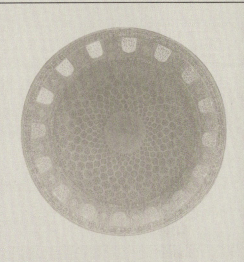

必须完成五次拜功，这种宗教活动被称为"做礼拜"，既可以集体进行，也可以个人单独进行。穆斯林必须要前往清真寺参加的礼拜是每周五中午的聚礼（主麻拜），包括礼拜、听念"呼图白"（教义演说词）和听讲"卧尔兹"（劝善讲演）。穆斯林须保持安静，并且赤脚进入清真寺。无论在任何情况下都必须保持清醒和整洁，因为仪容整洁也代表内心对洁净的渴望。

在伊斯兰的宗教仪式里，穆斯林必须在真主面前保持谦逊的态度，鼻子和前额应该朝向麦加克尔白（天房）方向轻触地面，这是一种对真主"顺从"的象征。

《古兰经》教义里有一项穆斯林的重要功课叫做"天课"，通过交付"天课"让自己的财产更加洁净。每年，具有一定经济实力的穆斯林都会利用这个机会赈济穷人或者帮助有需要的人。但毫无疑问，斋戒和朝觐麦加仍然是伊斯兰宗教仪式中最重要的两项功课。

穆斯林的斋戒是在斋月期间进行的，斋月是伊斯兰教历的九月。根据伊斯兰教传统，任何一个成年的穆斯林都可以参加斋戒活动。在整个斋戒月里，所有穆斯林均应遵守一系列日常生活规则，如在白天日出之后应该禁食、禁水。斋月期间，性行为也是被禁止的。

每一位身心健康的穆斯林都负有前往麦加朝觐的宗教义务，一生中至少要去麦加朝觐一次。此外，无论在哪里住宿，朝觐者都应自行支付朝觐行程的费用，并且，在动身前往麦加朝觐前，穆斯林必须确保他不在时，家人生活无缺。

不过，这一宗教义务可在穆斯林一生中的任何时候完成。朝觐也能体现穆斯林的主要信条：穆斯林一律平等，不以衣冠服饰、尊卑贫富为差异。真主面前人人平等。这一点，在信徒们进入麦加圣地之前就有体现，朝觐者要脱下自己尘世的衣服换上朝觐服（伊赫拉姆），即上、下身各包裹一块无接缝的白色布料。朝觐者需要完成"游天房"，绕行天房七次。另外，穆斯林还要在萨法和马尔瓦两座小山往返祈祷七次。

❖　**朝觐**　驼队参加每年从麦加到麦地那礼拜仪式的细密画插图。

先知穆罕默德的面纱

伊斯兰教最突出的传统之一就是不能描绘先知穆罕默德。从未有过任何一个穆斯林描绘过先知的面容，从《古兰经》开始，包括所有神圣的宗教文本中插图上的先知形象，均是以纱遮面，有时也会以一个空白的圆圈覆盖，没有给出任何面部特征的指示。为何先知穆罕默德的面容不能被描绘呢？据专家所言，先知是真主派到人间的使者，而非真主，如果先知的形象具体体现在纸上会诱导人们崇拜凡人，进而影响真主安拉的地位，是对真主的不敬畏和不虔诚。但这并非唯一的解释。也有传统教义认为，伊斯兰教是反对偶像崇拜的，这也是来自先知穆罕默德的教义，偶像崇拜是对真主的绝对顺从有所减弱的主要原因之一。自古以来，对穆斯林艺术家来说，刻画先知容貌都是很敏感的事。他们的绘画灵感通常来源于《古兰经》。虽然《古兰经》里并没有明确禁止绘画先知穆罕默德的脸庞，但禁止崇拜任何具体人或物是毋庸置疑的。此外，在伊斯兰世界里，不管是世俗艺术，还是宗教艺术，一向都不太热衷于具象艺术。

❖ 创作于 19 世纪初的**先知穆罕默德飞天**插图。画面展现了先知以纱遮面的飞天过程。

《古兰经》

《古兰经》是记载真主安拉教诲的神圣文本，是所有穆斯林日常生活的指南。先知归真后，他的门徒开始收集先知的口述，而后抄录定本，最终汇集成多个章节，以诗歌、散文的形式表现出来。记录的文字书法华丽，正好符合真主安拉留给人类最美好的馈赠——书面文字记载语录。◆

《古兰经》部分章节复本

真主的话

《古兰经》共114个章节，其间收录了真主安拉向先知穆罕默德及其门徒传递的一系列神圣教义和戒律。书面记载直到先知穆罕默德归真后才完成。最后的编撰定本是在第三任哈里发奥斯曼在位期间完成的，他在拜占庭帝国和萨珊王朝区域内推行伊斯兰教信仰。

先知穆罕默德

610年，大天使吉卜利勒在先知穆罕默德(570—632)面前显灵，命令他作为真主指定的使者。慢慢地，先知拥有了信徒，首先征服了麦地那，然后于627年征服了麦加。右图是一幅先知穆罕默德出生时面容被遮掩的手绘图。

伟大的圣书

世界上最主要的几大宗教都是通过神圣的书籍被记载下来的。下图，左起：犹太法典《托拉》(Torá)、基督教《圣经》(Biblia)和伊斯兰教《古兰经》。

❖ 伊斯兰教义中，禁止描绘先知面容，也禁止通过图像对真主安拉进行偶像崇拜。

❖ 尽管先知穆罕默德的讲道遭到了犹太人和基督教徒的抵制，但是他依然承认希伯来族长亚伯拉罕和基督是先知。麦加、麦地那和耶路撒冷被伊斯兰教视为圣城。

结构　《古兰经》共114个章节，6 200多个小节，以散文和诗歌相结合的独特写作方式呈现。

背诵　哈菲兹是能够完整记忆《古兰经》或至少能在礼拜中准确记忆部分经文的穆斯林。

戒律

穆斯林必须遵守《古兰经》的五项戒律。念作证言、每日按时礼拜和施天课是需要长期遵守的；另外还包括短期斋戒（即禁食、禁水、禁烟、禁性爱），以及赴麦加朝觐。

念　赞念安拉，承认安拉的存在和独一无二。

礼　每日五次朝麦加克尔白（天房）方向跪拜与祷告。

斋　伊斯兰教历的第9月为斋戒月。

课　施天课的数量至少要达到收入的1/40（2.5%）。

朝　穆斯林一生至少要去麦加朝觐一次。

伊斯兰的军事扩张

穆斯林有了新的信仰后，于634年征服了阿拉伯，642年征服了萨珊王朝、伊拉克、埃及、叙利亚、伊朗部分地区和拜占庭帝国。14年后，他们征服了高加索一带、奥克苏斯河、昔兰尼加地区和兴都库什山脉。8世纪初，穆斯林入侵了北非和伊比利亚半岛，同时巩固了其在中亚和印度的势力。这些成就均归功于先知穆罕默德。

❖ 10世纪至12世纪法蒂玛时代羊皮纸上的细密画，描绘了战士对决的场景。

麦加

对穆斯林世界来说，每年有超过三百万信徒前往麦加，履行伊斯兰教的使命之一：一生至少去一次先知穆罕默德出生的这座圣城。另外，不管信徒身处何地，每日必须朝麦加方向进行五次礼拜。麦加的宗教史甚至比伊斯兰教还要久远，在先知出生前，这座城市就拥有各色的多神教信徒。◆

麦加朝觐，游天房的景象

伊斯兰教的重要城市

麦加是先知穆罕默德出生的城市，因此也是穆斯林世界的圣城，它建在希贾兹（汉志）地区，也就是今天的沙特阿拉伯地区。其名字 makka 在阿拉伯语中意为"荣誉的麦加"。克尔白（天房）是伊斯兰教的标志性建筑，是每年众多朝觐者心中的目标。

麦加禁寺 又叫麦加大清真寺，坐落于沙特阿拉伯的麦加城，是最重要的清真寺，也是世界上最著名的清真大寺。城内四方形"克尔白"（天房）是它的中心。

前往麦加的行者

麦加对阿拉伯驼队来说是一座具有战略意义的城市，也是各地区货物和人员出入的交汇处。这里还是先知出生的地方，是他跟随商队行进的歇脚处，正是在某次行程中，先知穆罕默德得到了真主的启示和传道的旨意。

◆ 前往麦加的商队图，绘于 13 世纪早、中期。

朝觐者 每年数以百万计的穆斯林会在朝觐月前往麦加朝觐，这段时间也被称为都尔黑哲月。在每年特定时间举行的麦加朝圣被称为大朝圣（哈吉）；另外，还有一种可以在全年任何时间进行的小朝圣（乌姆拉）。

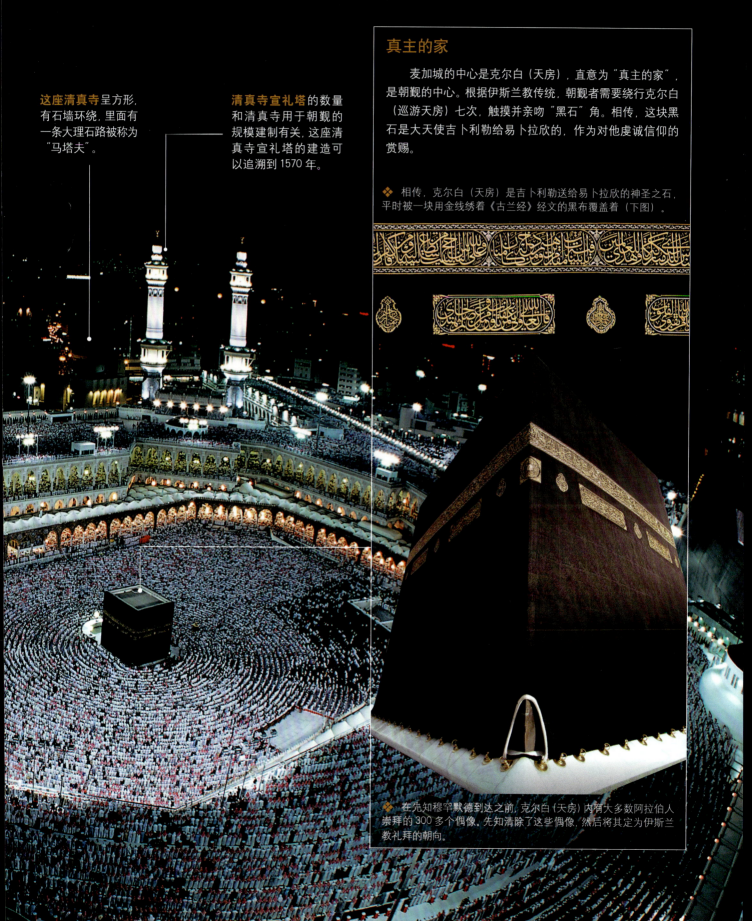

这座清真寺呈方形，有石墙环绕，里面有一条大理石路被称为"马塔夫"。

清真寺宣礼塔的数量和清真寺用于朝觐的规模建制有关，这座清真寺宣礼塔的建造可以追溯到 1570 年。

真主的家

麦加城的中心是克尔白（天房），直意为"真主的家"，是朝觐的中心。根据伊斯兰教传统，朝觐者需要绕行克尔白（巡游天房）七次，触摸并亲吻"黑石"角。相传，这块黑石是大天使吉卜利勒给易卜拉欣的，作为对他虔诚信仰的赏赐。

❖ 相传，克尔白（天房）是吉卜利勒送给易卜拉欣的神圣之石，平时被一块用金线绣着《古兰经》经文的黑布覆盖着（下图）。

❖ 在先知穆罕默德到达之前，克尔白（天房）内有大多数阿拉伯人崇拜的 300 多个偶像。先知清除了这些偶像，然后将其定为伊斯兰教礼拜的朝向。

岩石圆顶清真寺

　　这座清真寺是伊斯兰教信仰的象征，坐落在耶路撒冷老城区中心的伊斯兰教圣地，建于687年至691年，由第九任哈里发阿卜杜勒·麦利克下令修建。后来，耶路撒冷被攻占后，哈里发奥马尔在此做礼拜，因此，也被称作"奥马尔清真寺"。这座清真寺的神圣之处在于，穆斯林认为，寺中的岩石正是先知穆罕默德和大天使吉卜利勒一起夜行登霄，前往天堂见到真主安拉的地方。这座清真寺拥有一个非凡的金色圆顶，直径长达54米。◆

犹太传说

　　犹太传说也赋予了岩石圆顶清真寺神圣的意义，据传统记载，亚伯拉罕正是在这里完成了将儿子以撒（Isaac）献给神的神圣使命。也是在这个地方，雅各（Jacob）因为疲倦，以石为枕，酣然入梦。在梦里，他看见一个通向天堂的梯子，天使们在梯子上穿梭而行。

◆ 亚伯拉罕献祭以撒，画家菲利波·布鲁内列斯基（Filippo Brunelleschi）作品，绘于15世纪初。

岩石圆顶清真寺内部

　　清真寺内有两条回廊环绕着中央裸露的岩石，这块神圣的岩石是先知夜游登天的地方。外层回廊呈八角形，有24个拱门，拱门由8个大廊柱和16个小廊柱支撑。内层回廊呈圆形，有16个拱门，拱门由4个大廊柱和12个小廊柱支撑。

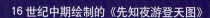

16 世纪中期绘制的《先知夜游登天图》

圣地

　　穆斯林赋予了岩石圆顶清真寺神圣的意义：这里是先知穆罕默德夜行登霄升入"七重天"，接受安拉天启的地方。另外，阿卜杜勒·麦利克下令建造这座圣地，很可能是为了重塑伊斯兰教在耶路撒冷的至高权威，而在 7 世纪，耶路撒冷是基督教和犹太教的圣城。

清真寺的圆顶高 36 米，建在鼓形圆柱底座上，圆顶为铜板镶嵌顶面的木制穹顶结构，如今在千里之外还能看到其金光闪闪的样子。

❖　圆顶内部矗立着层层拱形廊柱，廊柱之上支撑着厚重的拱顶。

岩石圆顶清真寺全景图

清真寺建筑

　　清真寺呈八角形，中心是一块所罗门神庙的岩石。由于其建造结构和装饰的独特性，可以肯定是拜占庭时期的建筑作品，当然，也有不少穆斯林信徒的贡献。整座清真寺以廊柱、拱门和墙壁、门窗繁复的装饰为突出特点。

各色大理石**廊柱**是圣殿装饰的重要元素。

圣殿装饰尤为突出，封闭式的窗户和各式几何图案的格子窗巧为雕饰，呈对称样式。

❖　带有花卉及各式几何图形的琉璃瓦和瓷砖是窗框的主要装饰。

科尔多瓦清真寺

对穆斯林来说，礼拜是持久、重要的神圣传统。穆斯林每日礼拜五次，分别为晨礼、晌礼、晡礼、昏礼和宵礼。穆斯林男人通常前往清真寺做礼拜，而穆斯林女人往往在家中做礼拜。西班牙的科尔多瓦清真寺是伊斯兰的艺术瑰宝之一。科尔多瓦清真寺是在一座基督教堂基础上改建的。13世纪，科尔多瓦收复失地运动后，基督教徒又将其改为教堂。◆

来自基督教徒的改造

科尔多瓦清真寺平面呈长方形，长180米，宽130米，正殿有石柱组成的19条走廊，没有主立面。16世纪，基督教徒将宣礼塔变成一座高93米的钟楼，拆掉了部分建筑用以修建教堂。

❖ 现今科尔多瓦清真寺鸟瞰图。

科尔多瓦清真寺的重建

建筑历史

科尔多瓦清真寺建于8世纪末，是当时科尔多瓦第一位埃米尔下令在圣·安东尼·马蒂尔西哥特教堂旧址上改建的，而这座西哥特教堂的修建时间则要追溯到5世纪了。786年，穆斯林清真寺开始修建。由于修建工作经历了多个历史阶段，科尔多瓦清真寺成了世界第三大清真寺，麦加禁寺（麦加大清真寺）和位于卡萨布兰卡的哈桑二世清真寺分列前两位。1236年，科尔多瓦城被基督教徒攻占，清真寺变成了一座教堂。

走廊 殿内有850根带花纹的大理石、花岗岩廊柱，玉柱林立，拱廊纵横，让人眼花缭乱。大部分走廊都保留了罗马和西哥特时期的建筑风格。

门 与其他门不同的是，这扇门及宣礼塔的门装饰得非常简洁。

世界其他著名清真寺

大马士革（叙利亚）

大马士革清真寺是阿拉伯清真寺经典建筑之一，建于705年倭马亚王朝时期，是其后世界清真寺的建筑范本。

开罗（埃及）

伊本·图伦清真寺建于876年至879年，受到叙利亚和伊拉克建筑风格影响，但也被注入了埃及的伊斯兰化元素。

伊斯法罕（伊朗）

聚礼清真寺建于10世纪，11世纪到12世纪由塞尔柱人改建，长225米，宽84米，十分精美。

米哈拉布（凹壁） 穆斯林礼拜时面向装饰精美的米哈拉布，这是清真寺的宗教中心。这里也是放置神圣典籍《古兰经》的地方。

连环拱门 尽管重复使用的廊柱不大，但是两个叠层放置可以增加清真寺的高度。

屋顶 在最初的结构设计中，清真寺天花板是平的，使用木制镶嵌板。

宣礼塔 存在于早期的清真寺里。它还是后来西方所有伊斯兰教宣礼塔的设计范本，但现在已成为钟楼。

科尔多瓦清真寺的扩建

阿卜杜·拉赫曼一世从785年开始主持修建清真寺。希沙姆一世 (Hisham I, 788 年至 796 年在位) 对其进行了修缮，并修建了宣礼塔。之后，阿卜杜·拉赫曼二世 (Abd al-Rahmán II) 在位期间 (828 年至 852 年) 和哈卡姆二世 (Al Hakam II) 在位期间 (961 年至 968 年) 对其进行了扩建。最后一次大改建是在公元 981 年，即阿尔曼索尔 (Almanzor) 的统治下，当时装饰了礼拜时面对的米哈拉布（凹壁）。

1 橘树院
2 阿卜杜·拉赫曼一世
3 阿卜杜·拉赫曼二世
4 哈卡姆二世
5 阿尔曼索尔

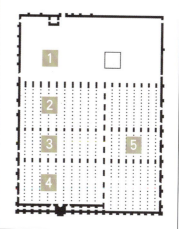

净礼 科尔多瓦清真寺内橘树院的水池喷泉是穆斯林礼拜前履行净礼的地方。

橘树庭院 院子里栽满了橘子树，占清真寺三分之一的面积，保持着原有的布局。

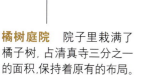

实用而精美的建筑

清真寺屋顶的排水是通过"渡槽墙"解决的，如图所示，拱廊顶部用于排水。最右边是清真寺的内视图，装饰有实用且精美的双色拱门。

❖ 拱门和红砖的交替辉映是科尔多瓦清真寺最著名和最有特色的景象。

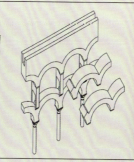

宗教建筑

　　伊斯兰建筑以其浓郁的宗教性为特点，最突出的表达方式是清真寺建筑，清真寺意为"服从真主的地方"。根据伊斯兰教传统，清真寺的建筑所在地和伊斯兰教信徒的信仰影响着不同建筑的风格，比较突出的有波斯建筑风格（伊斯法罕清真寺）、奥斯曼建筑风格（蓝色清真寺）、马穆鲁克王朝的代表建筑风格（苏丹·哈桑清真寺），以及莫卧儿风格（巴德夏希清真寺）。但不论是什么风格，宣礼塔、穹顶和繁复的装饰都是伊斯兰建筑突出的特点。◆

叙利亚大马士革清真寺

标志性建筑范本

　　大马士革清真寺是伊斯兰世界最重要的清真寺之一，对其后的建筑结构模式产生了不可低估的影响。清真寺中殿通向名为"米哈拉布"的凹壁，一处神圣的区域，这是从中世纪开始清真寺就有的建筑结构。大马士革清真寺曾因一场大火经历了重建，导致清真寺现在的面貌与其原始面貌有所不同。

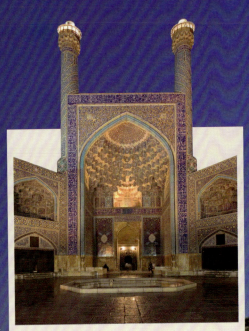

伊斯法罕清真寺

　　清真寺的入口厅门高达27米，门上写有许多敬献给真主和波斯沙阿·阿拔斯一世（Shah Abbas I）的古兰经文，十分精美。阿拔斯一世于16世纪末将伊斯法罕确立为萨非王朝的首都。伊斯法罕清真寺有一处极具特色的设计细节，那就是拱形屋顶上的钟乳石状石雕。

❖ 伊朗伊斯法罕清真寺位于沙漠的一片绿洲之中。

巴德夏希清真寺（皇家清真寺）

　　它是莫卧儿伊斯兰建筑的代表，由莫卧儿王朝皇帝奥朗则布（Aurangzeb）于1674年在巴基斯坦拉合尔修建。寺内可容纳5万余人同时做礼拜，是巴基斯坦最大的清真寺。另一座莫卧儿王朝风格的代表性建筑就是泰姬陵，由沙·贾汗皇帝（Sha Jahan）于1648年建造。

❖ 巴德夏希清真寺，亦称"皇家清真寺"，是莫卧儿王朝时期最出色的建筑之一。

清真寺的装饰需要成千上万的手工艺人共同完成,他们用马赛克镶嵌、拼接、装饰清真寺。伊斯兰教宣礼塔是最杰出的建筑之一。

蓝色清真寺

这座清真寺由艾哈迈德一世(Ahmet I)于 1609 年初开始下令建造,耗时七年完成。有三处主要出入口,大门恢弘气派,庭院装有各式廊柱。蓝色清真寺是伊斯坦布尔唯一拥有六个宣礼塔的清真寺。中央穹顶的直径长达 23.5 米,最高处达 43 米,由四个直径为 5 米的凹槽柱支撑。共有 260 扇窗户。

❖ 博斯普鲁斯海峡夜色里的蓝色清真寺。

规模　清真寺的建筑结构如同一个大型礼拜室,宽 136 米,长 38 米,可通过一个长 50 米、宽 120 米的露天庭院前往。

走廊　礼拜室通过多个巨型廊柱划分内殿空间,科林斯式柱相互通过拱形连接。大小廊柱层叠,支撑着整个穹顶的重量。

埃及开罗苏丹·哈桑清真寺和瑞法伊清真寺的穹顶

马穆鲁克建筑

13 世纪至 15 世纪的马穆鲁克王朝是埃及伊斯兰艺术的辉煌时期。其中,最具代表性的艺术形式就是清真寺的建造,例如,1356 年至 1363 年在开罗建造的苏丹·哈桑清真寺,在其修建过程中使用了大量金银装饰的大理石门廊。

文化成就

文化成就

神圣的价值

多元的穆斯林文化是数百年来东西方文明在不同部族影响下形成的最辉煌的产物之一。

无论是科学领域还是艺术领域，穆斯林的发展均可以追溯到中世纪，这也是伊斯兰教传播、扩展最重要的时期。这些艺术和科学最初的发源地是倭马亚王朝的大马士革城，随着倭马亚王朝的衰落，巴格达城继其之后成为接替城市，由阿拔斯王朝统领。

❖ **高脚木箱** 穆斯林金匠及其他手工艺人的工艺技巧在各种器物上都有明显的体现。下图是14世纪的一个首饰箱。

科学与哲学

丰富的早期科学文献为穆斯林的科学发展提供了研究基础。物理、数学、天文学和医学等学科是穆斯林擅长的领域。因为希腊文化、中国文化、印度文化和埃及文化在这些方面远远早于穆斯林，所以，上述学科的发展也从这些文化的各个相关领域受到了非常有利的影响。

从到达伊斯兰世界中心的手稿和翻译稿开始，古典的阿拉伯文化逐渐发展起来，并且阿拉伯自己的思想家和科学家也为此做出了不少的贡献。

奇怪的是，穆斯林的科学发展和欧洲中世纪的科学发展形成鲜明对比。穆斯林科学是伊斯兰传统中极其重要的组成部分，科尔多瓦大学（医学专业）、突尼斯大学、开罗大学和巴格达大学等著名大学的建立恰恰体现了这一点。

化学和数学是穆斯林科学的两个突出领域。在化学领域，穆斯林对酸和盐的性质有了一定的认识。而在数学领域，穆斯林引入了印度科学"零"的概念，后来又将其传到欧洲。另外，穆斯林科学也为代数和对数的研究奠定了基础，而后被欧洲所用。

穆斯林在哲学领域同样十分出色。目前，他们翻译并保存了包括亚里士多德（Aristóteles）在内的许多古典思想家的作品，这些作品后来被带到欧洲。其中，最具代表性的是伊本·西那（Avicena，980—1037）和来自安达卢斯的伊本·鲁世德（Ave-rroes，1126—1198）的作品。

文学

伊斯兰最初的文学大多具有明显的宗教性质，主要是一些穆斯林描述先知穆罕默德的圣行、释经或是关于《古兰经》的评论。还有什叶派学者谢里夫·拉齐（Sha-rif Razi，970—1015）汇编的阿里言论集《辞章之道》（Nahj al-Balaghah）或称《雄辩之路》（El camino de la elocuencia）。

❖ **装饰**。伊斯兰建筑以富有创造力的拱形圆顶为特色。上图是伊朗设拉子的莫克清真寺内的米哈拉布（凹壁）。

后来，一种评论文学开始流行，可以是关于神圣文本的评论，甚至是对先知生活和教义的评论。对先知的评论传记创作中，著名的代表人物有瓦哈布·本·穆纳比（Wahb ibn Munabbih）和穆罕默德·伊本·伊萨克（Muhammad ibn Ishaq，704—768）。

语言学和语法学研究也具有重要意义，例如哈利勒·伊本·艾哈迈德（Khalil ibn Ahmad，718—791）编撰的第一本阿拉伯语字典。

书法艺术

❖❖❖

阿拉伯书法是伊斯兰世界最重要的文化遗产之一。不仅在清真寺和宫殿内随处可见，神圣文本里的书法也是穆斯林独特标志的一种象征。

书法文字能反映信徒与来自先知训诫之间的关系，具有重要意义；也就是说，口头语言单词和书写的文字单词恰好代表着世俗生活和精神生活之间的联系。换句话说，书写文字是安拉与其信徒交流的媒介，从这个意义上说，它具有神圣的意义。

有了这样的理由，对先知穆罕默德的信徒而言，书法被认为是超凡脱俗的艺术也就不足为奇了。通过各种不同的艺术表现方式，书面文字不仅传递了概念性的意义，也具有象征性的意义，因为它可以组成图形，再现一种意境。这种表意方式在《古兰经》和其他宗教典籍的插图，以及清真寺、宫殿大门和陵墓等地方都可以见到。

❖ **陶瓷艺术** 伊斯兰艺术大多运用几何图案和花卉作为装饰。上图是 16 世纪制作的一个陶瓷花瓶。

文学作品中，最引人注意的是游记文学。伊本·胡尔胡达兹比赫（Ibn Khurradadhbih，820—912）最先开始尝试这种文学形式的创作。后来，伊本·白图泰（Ibn Battuta，1304—1377）将其发展推向了高潮。

但毫无疑问，《一千零一夜》是穆斯林文学最重要的作品。全书用一个主题故事将许多个互不相干的故事巧妙串联，构成了一个艺术作品的整体。《一千零一夜》收录了许多小故事，故事里的主要人物都来自民间想象，如阿拉丁（Aladino）和神灯、阿里巴巴（Ali Baba）与四十大盗的奇妙冒险之旅，以及辛巴达（Simbad）的航海历险，将人们带入了一个个激动人心的故事里。几个世纪后，故事中的冒险精神仍不断出现在不同的作品中，只是换了地点和主人公。

建筑

穆斯林艺术的表现形式多种多样，其中，伊斯兰建筑艺术的多样性及其无与伦比的创造性装饰独树一帜。

尽管并不是所有的穆斯林建筑都有宗教性质，但毫无疑问，宗教仍是穆斯林建筑的核心。伊斯兰经典的两大建筑代表是清真寺和伊斯兰学校。另外，还有一些重要的建筑，如陵墓、宫殿和防御性建筑群。

伊斯兰建筑中最具特色的三大元素：廊柱、拱门和圆顶，是最壮观的伊斯兰建筑中最美丽的装饰。

不论是罗马建筑、埃及建筑、波斯建筑、萨珊建筑，还是拜占庭建筑，这

❖ **书法** 书法在雕塑艺术里也有广泛的运用，比如，用来装饰日常器物。左图为一个盘子。

艺术中的
精神元素

◆◆◆

伊斯兰世界最突出、最有名的艺术表现形式就是阿拉伯建筑图案，以大量的几何图形去装饰门框、墙面和拱门是其代表性特色。

这些几何图案各式各样，大多是复制植物造型（包括各种树叶、花卉和水果），也有对动物造型的复制，其中最常见的是鸟类的纹样。

然而，人类的形象很少出现，这与伊斯兰教所表达的精神和艺术倾向不谋而合。

此外，还有书法艺术，阿拉伯语图案有着很深远的精神象征，据相关专家介绍，这种花纹具有无限重复的性质，代表自然具有无限维度，这是来自真主安拉的独特创造。

阿拉伯式花纹作为一种独特的装饰风格已出现在其他文化里，例如，埃及文化、亚述文化和希腊文化。

◆ **灯具** 伊斯兰风格的物品都带有大量装饰。上图是12世纪法蒂玛王朝清真寺的大灯。

些建筑都在装饰风格上对伊斯兰建筑产生了重要影响。

穆斯林建筑的第一座地标性建筑是在691年载入记录的耶路撒冷岩石圆顶清真寺，它独特的拱形空间、圆顶和阿拉伯式的装饰显得尤为突出。

穆斯林建筑风格与其所处的地理环境密切相关。从这个意义上说，穆斯林建筑风格和波斯风格、摩尔人风格、马穆鲁克风格、奥斯曼风格、帖木儿风格、穆德哈尔风格和法蒂玛风格息息相关。

例如，像巴格达这样的城市，是在波斯建筑师的参与下建立起来的，他们是被阿布·曼苏尔雇佣来设计这个帝国的新首都。

摩尔人的建筑因受到西班牙风格影响，更多以西班牙-穆斯林建筑的名称被人所熟知。其中最杰出的建筑当属科尔多瓦清真寺，其建筑历史可以追溯到785年。马蹄形的拱门是非常突出的部分，这一设计在摩尔人的巅峰作品阿尔汗布拉宫中也曾出现。另外，穆斯林建筑在西班牙和中世纪的欧洲也留下了印记，形成了穆德哈尔的艺术风格，塞维利亚的阿尔卡萨王宫就是这种风格的典型代表。

在另一边的中亚地区，帖木儿建筑是穆斯林建筑影响最好的例证，尤其是撒马尔罕的帖木儿建筑，其中轴对称和形状各异、大小不一的双层穹顶是比较突出的特色。

另外，奥斯曼土耳其帝国以其大型清真寺闻名，最初，他们主要模仿拜占庭的建筑样式，例如圣索菲亚大教堂，其平面设计图用于后来的蓝色清真寺、泽扎德清真寺、苏莱曼尼耶清真寺和鲁斯坦帕夏清真寺的设计和建造。奥斯曼风格以其建筑内部拱顶、半拱顶和廊柱的光影平衡及完美交错为特色。

法蒂玛王朝的建筑分布广泛，代表性作品有10世纪末在开罗建造的爱资哈尔清真寺。

马穆鲁克建筑在装饰上有着辉煌的成就，尤其是它的宗教建筑群。王朝首都开罗自然地成为一个重要的艺术中心。

❖ **星盘**　一种测量星体位置的仪器。穆斯林水手会用它来估算礼拜的时间，确定前往麦加的方向。

非洲的穆斯林建筑也自成一派，尤其是在撒哈拉沙漠以南，最具代表的是通布图的桑科雷清真寺，建筑材料使用的是独特的木材。

绘画与雕塑

穆斯林造型艺术从未得到重要的发展。毫无疑问，《古兰经》禁止刻画先知形象的禁令影响深远，这或多或少影响了艺术家对人物形象的刻画热情。当然，这也不是他们艺术创作的重点，伊斯兰绘画和雕塑作品中确实很少有人物形象的刻画。

穆斯林艺术作品中比较著名的有波斯细密画，通常作为文学和科学作品中的一种装饰性元素。另外，在《古兰经》和其他一些神圣文本里也有出现。

通常来说，这些绘画作品能够捕捉、描绘一些穆斯林日常宗教生活和宫廷生活的片段。最好的作品出现在10世纪至11世纪间。有关专家指出，后来诞生的三个基本学派共同出现在伊斯兰绘画艺术中：阿拉伯流派、波斯流派和土耳其流派，在无数文学、科学、宗教和哲学作品里都能看到这些细密画的身影。其中，较为突出的是《兽医之术》（Libro del arte veterinario）、《卡里莱和笛木乃》（Calila y Dimna）、《动物寓言集》（Bestiario）、《列王记》（Libro de los reyes）和《星座剖析学》（Tratado de anatomía de las constelaciones）等书籍。13世纪的土耳其学派同样留下了许多著作，如艾尔-加扎利（Al-Jarizí, 1136—1206）的《巧妙机械装置知识书》（Libro del conocimiento de los aparatos mecánicos），书中配有自动装置插图。再后来，赫拉特城的白扎德帖木儿画派更多地致力于肖像画的创作。

伊斯兰雕塑艺术并不常见，主要以陶瓷和象牙雕刻为主。另外，由技术精湛的手工艺人制作的玻璃制品也相当特别。

陶艺是在阿拔斯王朝引入的，土耳其城市伊兹密尔是生产精美瓷砖、琉璃瓦的主要中心。

牙雕和木雕是穆斯林工匠杰出艺术的代表。工匠们在大型象牙上雕刻精美的图像，呈现最多的是驼队行进的情景。还有用于大型门窗装饰的木雕，这些木雕通常只为清真寺和统治阶级的宫殿所拥有。

❖ **科尔多瓦清真寺**　墙面上的马蹄形拱门交错排列，形成尖形装饰用拱门，并排立于壁柱之上，上面的楔形拱石和其他红砖呈放射状组合，交相辉映。

哲学与宗教之间

　　穆斯林以重视研究宗教、哲学和科学而著称。伊本·鲁世德（Ibn Rushd）是众多思想家中的佼佼者，但他更为人熟知的是拉丁语名字阿威罗伊（Averroes）。1126年，鲁世德生于安达卢斯王国的科尔多瓦一个知识分子家庭。虽然在接受教育阶段，他对《古兰经》和神圣文本的法律戒条表现出了极大的兴趣，但他同时对哲学领域也产生了浓厚兴趣。此外，他还是一位杰出的医生和数学家。他的著作涉猎广泛，其中大部分作品是对亚里士多德作品的分类、评论，以及传播。因此，他也被称为"评论者"。他的著作对后来的欧洲思想产生了决定性影响，尤其是在中世纪和文艺复兴时期。他坚定捍卫的哲学和宗教是两个互不对立的领域，都有自己的合法性，这和波斯学者安萨里（Al-Ghazali，1057—1111）的主张正好相反。鲁世德的作品中最突出的是医学百科全书和哲学论著《哲学家矛盾的矛盾》（La incoherencia del incoherente）和《哲学和宗教联系的论断》（Sobre la armonía entre religión y filosofía）。鲁世德于1198年在摩洛哥去世。

❖ **哲学争端**　圣·托马斯·阿奎纳（Santo Tomás De Aquino）对阿威罗伊（伊本·鲁世德的拉丁名）的理论进行反驳，后者坐在地上。

书法

　　书法艺术被认为是伊斯兰艺术中最重要的艺术形式之一。最初，它的价值和宗教有着紧密的联系："真主曾教人用笔写字。"所有穆斯林在习字之初都使用芦苇杆茎。真主最初是用阿拉伯语讲话的，而最初的文字也是以阿拉伯语标示，因此，语言和文字都被认为是神圣的。阿拉伯书法讲究节奏感、装饰性和纹样，另外还有图画文字的花写体，形如装饰绘画。◆

主要著作

　　帖木儿书法艺术源于《古兰经》手抄本和10世纪到14世纪的波斯史诗经典佳作。这些经典中比较突出的有：菲尔多西(Firdusi)的《王书》(Shah-Nameh)，又称《列王纪》；尼扎米(Nizami)的《卡玛萨》(Jamseh)，又称《五卷诗》(Quinteto)；萨迪(Saadi)的《古力斯坦》(Gulistan)，又称《蔷薇园》(Jardín de rosas)。

◆ 1431年的《五卷诗》复刻版摘页。

书法应用

　　书法并不是书写手稿独有的艺术。由于伊斯兰教禁止描绘偶像，而为了美化和装饰，书法艺术就逐渐受到重视，成为运用于建筑的一种艺术，比如，刻在清真寺、陶瓷、纺织品和金属制品上的《古兰经》经文。

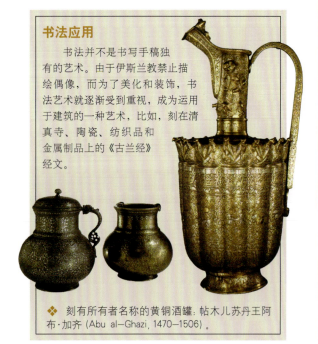

◆ 刻有所有者名称的黄铜酒罐：帖木儿苏丹王阿布·加齐 (Abu al-Ghazi, 1470–1506)。

绘画和环绕其外的书法题词

阿拉伯书法风格流派

　　以阿拉伯字母为基础的阿拉伯书法有两大流派：一种源自古体时期的是库菲体，其所有变体都和严格的宗教戒律紧密相关；另一种是草体，结构更为流畅，更具艺术观赏性。

库法体 由伊斯兰教第四任哈里发在伊拉克库法城创建。库法体分为叶状库法体和花状库法体。

草体 阿拉伯书法在11世纪后又出现了新字体，包括纳斯赫体、苏鲁斯体、穆哈卡克体、拉伊哈尼体、塔乌齐体和圆形里卡体。

1 纳斯赫体

2 苏鲁斯体

3 圆形里卡体

波斯体 13世纪，波斯地区出现了一种新的波斯体——塔利克体，被认为是阿拉伯字母和古萨珊字母的混合体。

1 塔利克体

2 纳斯塔利克体

纳斯塔利克体 纳斯塔利克体由14世纪波斯书法家米尔·阿里·塔卜里兹 (Mir Ali Tabrizi) 发明，是书写波斯史诗的标准风格。

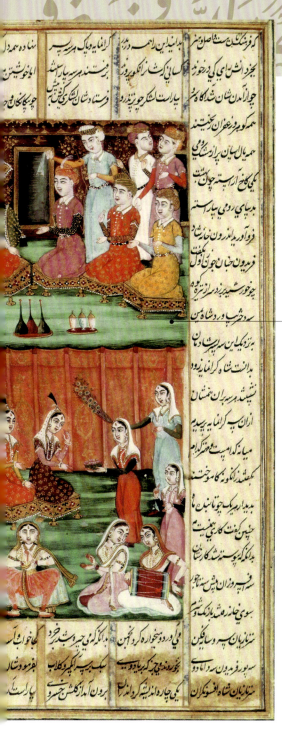

书法与绘画相伴 总的来说，书法和绘画作品紧密相关，反映宫廷、军事和日常生活的方方面面。

细密画

伊斯兰艺术中的绘画作品主要是手稿里的细密画。在 13 世纪巴格达学派的影响下，波斯细密画随着伊尔哈尼德王朝的建立而繁荣发展，并在帖木儿时期以比扎德（Bizhad，1455—1536）的作品为代表达到辉煌发展期。

❖ 比扎德的细密画作品，绘于 1485 年。

帖木儿文化遗产

尽管塔穆雷（Tamerlán）用暴力进行了征服与扩张，但帖木儿王朝时期内（1387—1502）突出的一个特点是君王对手工艺的支持。在撒马尔罕推广建筑的同时，在赫拉特和设拉子分别开设了两所波斯书法艺术学校。

赫拉特

《古力斯坦》（1426 年）和《王书》（1429 年）的精美复制品让赫拉特成为一座最具价值的"学校"。从 1468 年起，它就得到速檀·忽辛·拜哈拉（sultan Hussain ibn Mansuribn Baiqara）的资助。

设拉子

这座城市是一个书法艺术中心，在苏丹易卜拉欣（1414 年至 1435 年在位）的资助下发展了书法学校。其中，最重要的收藏品是伊本·胡萨姆（Ibn-Husam）于 1480 年创作的《哈瓦尔·纳玛》（Khavar-nama）。通常来说，书法家属于上层社会，在苏丹国享有很高的社会地位，因为书法艺术被认为是神圣的艺术。

先驱和继承者

阿拔斯王朝

阿拔斯王朝完成了波斯的阿拉伯化进程，将阿拉伯语作为受过教育的文化语言，将阿拉伯字母推广至书写系统。

伊尔哈尼德王朝

在帖木儿王朝之前就开始了阿拉伯字母的书写，但后来，波斯语得到恢复，一定程度上是为了抑制阿拉伯化进程。

萨非王朝

尽管都城定在伊斯法罕，但作为帖木儿王朝的继承者，萨非王朝却将设拉子确立为新王朝的书法艺术中心。

《一千零一夜》

　　作为全世界最著名的阿拉伯故事选集，奇妙的人物形象和跌宕起伏的冒险经历让这部著作成为脍炙人口的世界文学名著。作品起源于一本古老的波斯书籍《一千个故事》（Los mil mitos），该书在9世纪被翻译和重新编译，据说由短篇小说家阿布·阿卜杜勒·安拉·穆罕默德·加希加尔（Abu abd-Allah Muhammed el-Gahshigar）完成。在《一千零一夜》中，较为突出的故事有《阿拉丁和神灯的故事》《航海家辛巴达的故事》及《阿里巴巴和四十大盗》。◆

飞毯的故事
《一千零一夜》里的故事充满了非同寻常的幻想。这幅画描绘了阿拉丁乘坐他的魔法飞毯遨游巴格达上空的情节。上图，1880年瓦斯涅佐夫（Apollinary Vasnetsov）的画作。

19世纪弗朗西斯·布伦戴奇的画作，山鲁佐德（Scheherezade）和苏丹王

《阿拉丁和神灯的故事》
《阿拉丁和神灯的故事》是《一千零一夜》中最引人注目的故事之一，讲述了伟大的英雄事迹和难忘的冒险之旅。左图是弗朗西斯·布伦戴奇（Frances Brundage）的插画作品。

故事的开始

　　故事从苏丹王沙赫里亚尔（Schahriar）发现妻子不忠开始。苏丹王认为所有的女人都是一样的，因此，他下令让人每晚献给他一个女人，翌日处死。当轮到山鲁佐德公主时，她每晚进宫后，就给国王讲一个故事，但不讲结尾，把故事的结尾留到第二天晚上。国王被故事情节深深吸引，就这样，公主夜复一夜地讲了一千零一个夜晚。最终，国王被感动了，决心与她白头偕老。

神奇的故事 　《一千零一夜》里充满了各种神奇的故事，它们都有着让人无法抵挡的吸引力。上图，弗朗西斯·布伦戴奇的插画作品，古尔纳斯公主正在召唤身边的侍从。

一个充满故事的世界

　　《一千零一夜》搜集了各种冒险故事中的英雄事迹。这些英雄们都有着一个灿烂、辉煌的未来。其中有一位是航海家辛巴达，他是巴士拉港的英雄，拥有很多激动人心的冒险经历。

◆ 被鹰抓住的辛巴达，这是卡尔·奥弗特丁格（Carl Offterdinger）绘制的插图，摘自他1900年的作品《阿拉伯之夜》（Las noches árabes）。

最有名的大盗

　　阿里巴巴或许是《一千零一夜》中最著名的人物之一。他知道一个被40名大盗用于存放偷盗来的战利品宝库。于是，他悄悄地来到山洞前，念出魔法咒语"芝麻，开门吧"，将石门打开，取走宝物。后来，大盗们找他报仇，多亏女仆马尔吉娜（Morgiana）的帮助才让他化险为夷，转危为安。

◆ 马尔吉娜和阿里巴巴的儿子结婚，摘自《阿里巴巴和四十大盗》。

冒险经历 伟大的勇士、美丽的女人和变幻无穷的环境,这些虚构的场景神秘莫测、优美动人,吸引着世世代代的各国读者。上图,弗朗西斯·布伦戴奇的插图画作。

对文学的影响

　　《一千零一夜》的故事对许多文化传统和传说都产生了深远的影响,尤其是对欧洲中世纪的叙事歌谣。罗斯塔姆(Rostam)是古波斯神话传说中著名的英雄人物之一。

❖ 16 世纪的波斯细密画,罗斯塔姆和阿弗拉西拉(Afrasiala)的第一战。

睿智的公主 王室的公主们在捍卫自己的爱情时像英雄一样睿智勇敢。右图是弗朗西斯·布伦戴奇的插图。

渔夫的故事 这是《一千零一夜》里另一个关于冒险的故事。智慧一直都存在于这个充满想象的世界中。

伊斯兰科学

　　10世纪前后，巴格达和科尔多瓦哈里发王国达到了最鼎盛的辉煌期。特别是伊斯兰教开始包容其他的信仰和文化，促进了其他地区知识的传播与交汇。穆斯林城市成了智慧的中心，各种科学在这里蓬勃发展。数学、天文学和医学都取得了卓越和独特的进步。◆

《巧妙机械装置知识书》里水钟的装置图。

科尔多瓦的伊本·鲁世德雕像

伟大的智者

　　穆罕默德·伊本·鲁世德 (1126—1198)，西语习惯称他为"阿威罗伊"，是伊斯兰教科学发展的顶尖人物之一。他既是医生，也是教法学家和哲学家，他对亚里士多德著作的评论对后来基督教经院主义哲学产生了重要影响。他出生于科尔多瓦，其作品早期被翻译为拉丁语和希伯来语。

9世纪的阿拉伯星盘

仪器和工具

　　阿拉伯人创造了各种各样的仪器和工具，对某些活动的发展起到了很好的促进作用。星盘就是一个例子，它对航海业的发展至关重要。随着数字"零"以及复杂的计算系统和精确测量方式的出现，数学方法的进步让这些仪器和工具不断得到完善，胜任了更多工作。

机械

　　对天象和数学的研究让阿拉伯发明家对机械产生了特殊的兴趣，他们发明了各种不同的零件，尽管人们对其功能性存在质疑，但其为机械发展提供了完整的示例。

◆ 12世纪《巧妙机械装置知识书》里门铃的装置图。

被弟子簇拥着的伊本·西那

医学之父：伊本·西那

波斯的伊本·西那（980—1037），也被称为"阿维森纳"，被认为是有史以来最伟大的医学圣贤之一。另外，他在哲学领域也有相当突出的成就。他的著作多达 400 多部，以哲学和医学领域为主，也涉及天文学和风俗领域。他的巅峰作品是《医典》（Canon de Medicina），也被称为《阿维森纳医典》（Canon de Avicena），概述了各种医学和医药知识。

神童 根据历史记载，17 岁的伊本·西那治好了萨曼王朝亲王努赫·伊本·曼苏尔（Nuhibn Mansur）的病，从而得以进入藏书丰富的皇家图书馆，这对他三年后出版的一部研究当时风俗习惯的书籍《无知与过错》（La inocencia yelpecado）帮助很大。

❖ 16 世纪伊斯兰细密画，对两种草药及其功效进行了描述。

天文学

数学和天文学对物理现象的解释对于穆斯林在科学领域的巨大发展产生了重要作用。例如，阿拉伯人创新了发展研究方向，这些研究完全独立于当时广为流传的源自美索不达米亚平原的研究。同时，他们制定了新的研究理论和技术，天体运转图和日历的发明都促进并完善了这些理论和技术。

❖ 16 世纪版画，马克罗比乌斯（Ambrosius Macrobius）创作的歌剧《西庇阿之梦》（In Somnium Scipionis）中的情节，一群阿拉伯占星家正在观测。

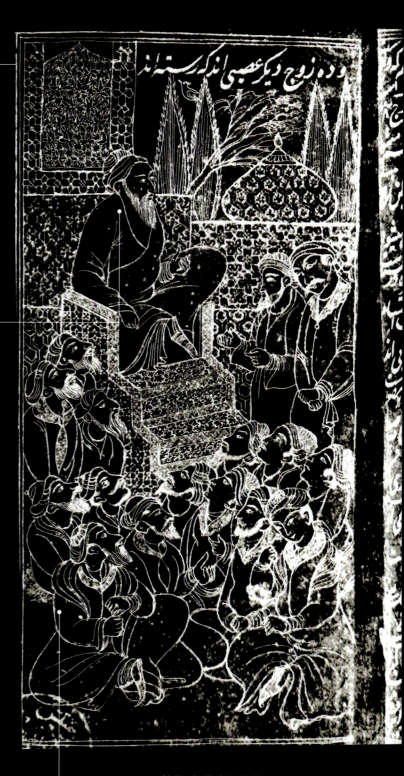

教师 阿维森纳的教导不仅体现在他的作品里，还体现在向学生讲授哲学的过程中，渊博的知识让他一直担任着皇家特别顾问，直到 999 年。

伊斯兰艺术

伊斯兰艺术诞生于受拜占庭影响的叙利亚，随着穆斯林信仰的不断渗透，从非洲北部传到伊比利亚半岛，从印度扩散到大洋洲。在漫长的传播过程中，伊斯兰艺术因拜占庭文化、美索不达米亚文明等多元文化、多种文明的注入而不断丰富。除了伊斯兰代表性建筑清真寺，伊斯兰艺术还因真实性、完美性极强的细密画插图，以及陶艺、玻璃工艺和地毯而闻名于世。◆

伊斯兰艺术的表现形式几乎仅限于几何图形和自然景物。上图是科尔多瓦第二任哈里发哈卡姆二世 (915-976) 使用的香水瓶。

阿尔汗布拉宫地毯陈列厅

装饰的重要性

可以说，穆斯林对建筑装饰的重视和偏好远远大于对建筑技术的关注。无论如何，他们有着一种"美学准则"，并且依照着这样的原则，最大程度简化了建筑外部的装饰，而对内部进行最精美的点缀。

拱门、廊柱、拱顶、穹顶在伊斯兰建筑中被广泛使用。通常来说，伊斯兰建筑没有任何地方是未曾装饰的。

10 世纪安达卢斯的盘子

陶艺

伊斯兰陶艺最初起源于美索不达米亚平原和波斯地区，之后在安达卢斯地区兴起。其主要成就是釉料和玻璃工艺，以及各种用于装饰的图案设计，使用最多的是几何纹样和花卉图案，其次是动物图案，以鸟类居多。

图案 装饰主题多为不断重复的几何图形和植物图案。

染织工艺

　　染织工艺在伊斯兰艺术中具有重要地位，最杰出的作品就是装饰精美的织毯。织毯以其独特的艳丽花色和精湛超群的工艺声名远扬。通常，伊斯兰地毯的制作方式有三种：结织法、编织法和链式编织法。

❖ 一张地毯的制作需要很多工人的参与。

在西班牙

　　西班牙穆斯林将所有伊斯兰艺术特色都带到了这个半岛上。陶艺变成一种奢华的艺术，其中最伟大的贡献是闪光陶瓷盘（因釉料中加入了金属化合物，而使瓷器表面出现晕光的金属薄膜）和大型玻璃瓶——它们以精美的品质闻名于地中海两岸。

❖ 具有鲜明阿拉伯特色的瓶子，发现并保存于阿尔汗布拉宫。

木材在伊斯兰艺术装饰中占据重要地位。后来，部分改用石膏板和釉面陶瓷。

绘画与书法

　　伊斯兰绘画最真实的表现是细密画，最初用于科学和文学作品中的插图，后来逐渐转为对风景的描绘。书法在陶瓷器物、文字和细密画的装饰中扮演着重要角色，《古兰经》的出版就是很好的例证。此外，书法也是大型清真寺墙壁和大门的装饰。

❖ 《古兰经》里从来没有肖像图，只有书法和细密画。右图是《古兰经》封面。

❖ 对穆斯林来说，书法如同语言一样，是神圣的。上图，穆雷扎丹《古兰经》的一页，1599 年。

今日伊斯兰教

先知忠实的信徒们在世界各地组建了各种重要社区，将伊斯兰文化、政治和宗教影响传播到世界各地。尽管欧洲、非洲和亚洲仍是伊斯兰文化的主要传播地区，但世界其他地方到处都有伊斯兰文化的痕迹。虽然欧洲的穆斯林移民收入很低，且时常受到歧视，但他们依旧在许多社会、文化和政治领域团结互助。◆

前往麦加朝觐的人群

麦加

根据《古兰经》教义，任何一个精神健全、体格康健、身无债务、旅费充足、家人生活无忧的成年穆斯林，一生中至少一次前往麦加朝觐，这是必尽的宗教义务。

凡是前往麦加朝觐的穆斯林必须身着朝觐服(伊赫拉姆)，即上、下身各包裹一块无接缝的白色布料。不过，女性不需要穿着任何特殊的服饰。

欧洲穆斯林

自第二次世界大战结束以来，几乎在整个西欧都能看到，伊斯兰教作为一种重要的文化现象在不断传播、扩大。穆斯林在法国、英国和德国等国都建立了强大的社区。此外，他们还建造了大型清真寺，如伦敦中央清真寺（又名摄政公园清真寺）。

◆ 法国是非洲裔穆斯林移民最多的国家之一。

一群正在做礼拜的印度信徒

东方穆斯林

伊斯兰教在近东和远东的发展不尽相同，从发展的速度和程度看都存在着差异。中国的穆斯林人口不到5%，而在印度，这个比例在5%到20%之间变化。阿富汗、巴基斯坦和伊朗的伊斯兰教信徒比例是最高的，超过了90%。而在土耳其、叙利亚、伊拉克、约旦和其他阿拉伯国家，穆斯林人口占绝对优势。

所有穆斯林**无差别**是朝觐者朝觐的前提。因此，在真主安拉面前，他们的穿着都一样，人人平等，皆为凡夫俗子，就像审判日到来时在真主面前一样。

非洲穆斯林

在非洲大陆的大部分地区，尤其是非洲北部国家，穆斯林人口所占比例高达50%~90%，其中，穆斯林人口比例较大的是阿尔及利亚、利比亚、马里、毛里塔尼亚、索马里、尼日尔和摩洛哥等国。而埃及、布基纳法索和苏丹的伊斯兰信徒比例较低。非洲中部以南，伊斯兰信徒的比例同样较低，只有5%~20%。安哥拉和坦桑尼亚是比较例外的国家，拥有穆斯林信徒的数量比前者多两倍。

❖ 现代化的哈桑二世清真寺位于摩洛哥的卡萨布兰卡市。建筑风格遵循伊斯兰建筑的经典样式，于1993年启用。

博物馆

　　随着伊斯兰教在世界范围的传播和影响力的逐渐扩大，各地博物馆都珍藏着伊斯兰教主要的历史文化遗产。较为引人注目的博物馆是土耳其和叙利亚博物馆，在非洲和远东地区的博物馆也有关于伊斯兰教的相关陈设。镶嵌的瓷砖、书法、独特的服饰和穆斯林金饰，各式各样的华丽器物无不见证着先知信徒们的发展历程。◆

蓝色清真寺博物馆

　　这座清真寺也被称为苏丹艾哈迈德清真寺，矗立在伊斯坦布尔的拜占庭教堂前。由艾哈迈德一世于1603年到1617年在位期间下令修建，籍此证明，穆斯林建筑师和基督教建筑师同样优秀。清真寺于1616年完工，采用了20 000多片蓝彩釉贴瓷，由此得名"蓝色清真寺"。

❖ 蓝色清真寺内视图，其中墙面和窗户最为亮眼。

巴尔杜国家博物馆

　　巴尔杜国家博物馆位于突尼斯首都突尼斯市，建在历代巴尔杜皇宫所在地。这里珍藏着对当地历史具有重要影响的藏品，分成腓尼基时期、希腊时期、基督教时期和伊斯兰教时期等专门的展厅。这里有保存最完好的琉璃瓷砖。

❖ 上图，一个装饰有动物图案的瓷盘。

清真寺博物馆内收藏了大量具有象征意义和重要文化价值的物品，比如地毯、玻璃、陶瓷和带有花卉图案的瓷砖。

马来西亚伊斯兰艺术博物馆

　　1998 年，在马来西亚政府的支持下，以及阿尔布卡里基金会的捐助下，马来西亚伊斯兰艺术博物馆在吉隆坡落成。在众多藏品中，最为突出的是中国伊斯兰艺术作品的收藏与展览。奥斯曼大厅藏有伊斯兰鼎盛时期的多种手工艺品。《古兰经》手稿艺术库收藏着 200 多份伊斯兰手稿。

❖　两名参观者正在博物馆内参观玻璃橱窗里的展品，展品中最有名的是服饰和画作。

大马士革博物馆

　　大马士革博物馆收藏了对当地居民和文化最具历史价值的艺术作品，包括从古代东方时期到伊斯兰时期的所有完整藏品。伊斯兰时期的藏品有面具和服装、众多细密画、书法、金属制品，以及陶瓷、玻璃、琉璃瓦等手工艺品。

❖　叙利亚大马士革博物馆正视图，收藏的作品包括倭马亚王朝和奥斯曼土耳其帝国等时期的重要作品。

8 世纪的马赛克人物肖像。

土耳其博物馆和陵墓的绿色尖塔

梅乌拉那博物馆

　　梅乌拉那博物馆位于土耳其最具宗教色彩的城市科尼亚，也是苏菲派和苏菲舞的发源地。该博物馆是这座城市最有代表性的地方，这里埋藏着苏菲派创始人贾拉鲁丁·穆罕默德·鲁米（Jalal ad-Din Muhammad Rumi）的遗骸。博物馆内部可以看到各式苏菲主义者的极简元素。

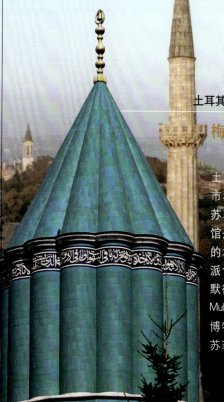

纪年表

伊斯兰教的历史较为特殊，没有固定的周期性。首先，伊斯兰教在多个地区和多元文化的影响下不断传播、扩展，不同地区和不同时期的表现形式各具特色。即使在同一时期，也经历了不同的发展。大众普遍认为，从先知归真到10世纪是伊斯兰教的第一次扩张，为后来苏丹国、独立王朝大规模的发展奠定了坚实的基础，所有这些都在继续着先知穆罕默德育人传教的道路。◆

570—632

先知穆罕默德

先知穆罕默德出生于麦加，原是驼队的一位商人，40岁的时候（610年）与一位富孀结婚。在麦加附近的一个山洞里，先知穆罕默德得到真主的启示，从那一刻起，作为真主的使者，开始传达真主的圣言。后来，先知穆罕默德的门徒将这些圣言汇编到神圣的伊斯兰教典籍《古兰经》中。622年，先知穆罕默德带领众信徒迁到麦地那，这个历史事件被称为"希吉拉"。632年，先知穆罕默德归真。从此，开始了围绕两个中心问题——先知穆罕默德继承人和新信仰的传播争论不休的时期。

634—750

伊斯兰教第一次扩张的开始

伊斯兰教传播到了阿拉伯地区，对巴勒斯坦地区产生了一定影响。后来又征服了叙利亚、伊拉克、伊朗西部和埃及。711年，伊斯兰教传播到了塔什干的信德，后来又传到非洲北部，并通过西班牙渗透到了法兰克。

650—680

内战时期

倭马亚王朝是先知穆罕默德去世后穆斯林建立的第一个王朝。最后，内战将伊斯兰教分成了两个派别：逊尼派和什叶派，两派的纷争一直持续至今，他们均自称为穆斯林政权的合法领导。

750—1000

阿拔斯王朝时期

阿拔斯王朝代表着伊斯兰教第一次扩张的结束，同时也标志着内部政权的巩固。阿拔斯王朝对伊斯兰世界的统治是失败的。在西班牙、摩洛哥和埃及，先后有许多的小王国和哈里发王国自立，它们独立于中央政权。在这些王国中，文化和科学领域辉煌发展，不同地区之间互相影响，并趋于融合。

762

巴格达城建立，它是阿拔斯王朝的首都，同时也是巨大的商业中心。

977—1500

游牧民族的入侵

977年，土耳其部落成为第一批入侵的游牧民族部落。他们控制了加兹尼，后又攻占了印度北部。

1220—1857

莫卧儿帝国

蒙古人的第一次入侵是在成吉思汗的带领下完成的，第二次入侵则是在他孙子的带领下征服并控制了整个中亚地区。伊斯兰世界开始逐渐分为三大蒙古国。当然，独立的小王国依然存在。1526年，巴布尔在印度建立了莫卧儿政府，这也是其文化和宗教的繁荣期。1648年，泰姬陵建成。17世纪末，莫卧儿帝国在印度进行了最大规模的扩张，随后势力逐渐削弱。1761年，阿富汗人洗劫了德里。1803年，该城被割让给英国统治。1818年，英国统治了整个印度地区，并于1857年正式发动了对印度的"圣战"。

❖ **艺术风格**　右图，伊拉克萨迈拉大清真寺，其艺术风格受到起源地的影响。

宏伟的清真寺
独特的建筑

穆斯林清真寺是伊斯兰艺术最丰富的表现形式之一。建筑规模宏伟，饰有精美的廊柱、拱门、穹顶和塔楼。清真寺是伊斯兰教的象征，也是该地区伊斯兰教蓬勃发展的最好证明。其中，麦加和麦地那清真寺，以及伊斯坦布尔蓝色清真寺、耶路撒冷清真寺和科尔多瓦清真寺都是最好的例证。清真寺通常都会有一个特殊的礼拜场所，指向麦加所在的方向，这也是众信徒礼拜的朝向。左图是叙利亚大马士革清真寺的全景图。

1453—1920

奥斯曼土耳其帝国

君士坦丁堡落入奥斯曼土耳其帝国手中。奥斯曼土耳其帝国不断扩张疆域，吞并了希腊和黑塞哥维那。对波斯尼亚地区和黑海沿岸地区产生了重大影响。奥斯曼土耳其帝国向东部和南部的扩张包括：阿塞拜疆（1514年），叙利亚和巴勒斯坦（1516年），埃及（1517年），伊拉克（1534年）。苏莱曼大帝（Solimán）向欧洲和北非进攻，征服了克里特岛（1669年）和乌克兰（1670年）。1700年开始，奥斯曼土耳其帝国逐渐走向衰落，陆续失去了匈牙利、特兰西瓦尼亚（罗马尼亚中西部）和波多利亚。1718年，割让了塞尔维亚和瓦拉奇亚，1774年到1812年间又失去了黑海北部沿岸地区，像克里米亚和比萨拉比亚逐渐落入俄国人之手。18世纪末，法国入侵埃及，沉重打击了非洲和中东的穆斯林势力。1830年，法国入侵阿尔及利亚，随后，在1881年又入侵了突尼斯。1882年，英国人占领埃及。1920年，奥斯曼土耳其帝国的疆域仅限安纳托利亚地区。

1500—1748

伊朗萨非王朝

伊朗被征服，一个新的什叶派王国建立。1588年到1629年间，奥斯曼土耳其帝国入侵，伊朗人击败了对手的入侵，收复了失去的疆土，建都伊斯法罕，经历了一个文化繁荣期。1600年左右，王国开始衰落。1722年，马哈茂德一世征服伊斯法罕，摧毁了这个什叶派帝国。1736年到1748年间，纳迪尔沙（Nadir Shah）重建了萨非王朝。

1500—1900

非洲王国

1506年到1543年间，对基督教埃塞俄比亚的围困结束。穆斯林征服了上埃及和努比亚。在卡内姆·博尔努（Kanem—Bornu）的统治下，撒哈拉中部经济繁荣。摩洛哥成为该地区最大的穆斯林聚集地。除此之外，还有马里、通布图在商业、文化、科学和宗教方面都有着举足轻重的地位，那里建起了许多清真寺。1680年，在富拉尼人的统治下，伊斯兰城邦国建立，其军事影响力持续到18世纪。1804年，索科托苏丹国（富拉尼帝国）建立。1885年至1898年间，苏丹马赫迪王国建立。1900年起，英国开始对尼日利亚进行殖民统治。

1500—1900

东南亚的伊斯兰教

1608年到1637年间，苏丹王穆达（Muda）将亚齐特别区作为东南亚的主要贸易中心。同时期，苏丹王阿贡（Agung）将势力范围扩展到爪哇地区，这些岛屿和望加锡被伊斯兰化。17世纪中叶，荷兰人征服了马六甲。两个世纪后，爪哇岛和苏门答腊岛的穆斯林王国归荷兰人统治。亚齐战争的爆发限制了荷兰人通过苏门答腊岛北部发起的进攻，荷兰人的扩张也因此在1873年至1910年间按下了暂停键。然而，到了1910年，整个地区仍处于荷兰的管辖范围内。

1500—1900

中亚和中国的伊斯兰教

16世纪，由于欧洲参与到丝绸之路的贸易交流中，穆斯林的影响力开始受到削弱。清朝统治者对伊斯兰教和穆斯林的政策前期以安抚为主，伴以限制，后期则主要是打击。

❖ **表现形式** 伊斯兰教艺术装饰最大的特点是几乎没有人物形象的出现。下图是一个廊柱的柱头。

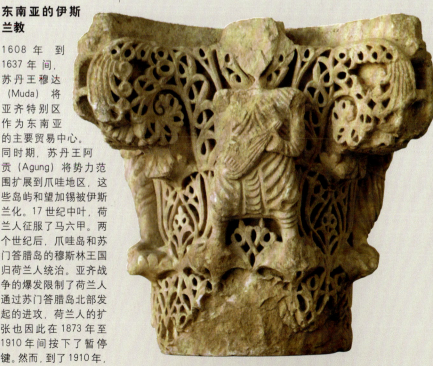

术语表

阿拔斯王朝

　　阿拔斯王朝（750—1258）是取代倭马亚王朝后的第二个阿拉伯帝国世袭王朝。阿拔斯王室是先知穆罕默德叔父阿拔斯·伊本·阿布杜勒·穆塔里卜（566—652）的后裔。

阿尔巴拉纳塔

　　一种防御塔，是堡垒的一部分，通常在城墙外部，通过拱门和可移动的桥梁与城墙相连。若塔楼落入敌军之手，可立刻收起桥梁，防止敌人进入城堡。这座塔楼可以作为观察敌情的瞭望塔，也是与进攻城堡的敌军相对抗的前锋。此类建筑最具代表性的是位于塞尔维亚的黄金塔。

阿尔汗布拉宫

　　阿尔汗布拉宫是位于西班牙格拉纳达的宫殿。这是一个将宫殿和城堡融为一体的建筑群，曾经是格拉纳达王国宫廷所在地。

阿拉伯式花纹

　　许多阿拉伯建筑通常饰有精美的花纹，以各式各样的树叶、花卉、水果、几何带状条纹为主要式样。

阿利姆

　　有知识的人，用来指称一位伊斯兰教任何领域的学者、科学家或神学家，类似"先生"。

阿亚

　　阿亚是阿拉伯语中"章节"的意思，指的是《古兰经》里6 000多节经文当中的任意一节。

阿亚图拉（伊斯兰教什叶派的高级宗教职衔）

　　源自阿拉伯语ayatollah，意为"安拉的象征"。在什叶派伊斯兰教里是最高的宗教权威，有权对任何有争议的宗教问题做出相关解释和最终裁决。

埃米尔

　　伊斯兰国家的贵族头衔。阿拉伯地区对上层统治者、军事长官的称谓。

安达卢斯王国

　　711年至1492年被穆斯林占领的伊比利亚半岛。

安拉

　　阿拉伯语称呼创造宇宙万物唯一主宰或真主的读音。在阿拉伯，不管是伊斯兰教、基督教还是犹太教，均以同一读音称呼。

奥斯曼土耳其帝国

　　13世纪到20世纪间建朝，领土扩张到安纳托利亚半岛、中东、北非、巴尔干半岛、希腊、保加利亚、罗马尼亚和北高加索地区。

柏柏尔人（柏柏尔语族叫法）

　　马格里布的游牧民族，被阿拉伯人称为"柏柏尔人"（源自拉丁语的barbaroi，意为"野蛮人"）。这个民族的标准语言就是柏柏尔语。从8世纪开始，大部分柏柏尔人信仰伊斯兰教。

贝督因人

　　阿拉伯语意为"沙漠居民"。阿拉伯半岛的游牧土著居民，7世纪开始向北非迁移。

布拉克

　　布拉克直译为"闪电"，它是一种马形神兽，供先知骑乘。先知穆罕默德正是骑着布拉克，一夜之间往返于麦加和耶路撒冷，即"夜行登霄"。

达尔·伊斯兰

　　意为"战争之地"，指不承认伊斯兰教为神圣宗教信仰的领土，可能因此受到"圣战"的影响。

达瓦

　　阿拉伯语意为"邀请"，指穆斯林传播伊斯兰教义的事业，伊斯兰对所有人宣教。

蒂马尔制

　　奥斯曼土耳其帝国以土地作为服兵役补偿的一种封地制。

法谛哈

　　即开篇章，《古兰经》的第一章经文。

法基赫

　　伊斯兰教宗教法领域的学者、专家。

法特瓦（伊斯兰教法用语）

　　由权威教法学家针对任何一个穆斯林信徒提出的疑难问题发表的正式法律见解或判断（对穆斯林有法律效力，通常以法律文告的形式公诸于众）。

菲特纳

　　伊斯兰教内战，具有宗教原因。

富拉尼人

　　西非游牧民族，进行过一次宗教改革，17世纪末发起多场圣战，随后建立起一些新的伊斯兰教国家，如富塔托洛和索科托苏丹国。

《古兰经》

　　此术语来自阿拉伯语，意为"吟诵"，是伊斯兰教的圣书，是真主用阿拉伯语口头传授先知穆罕默德的内容。《古兰经》包含许多针对社会发展提出的规范。奥斯曼哈里发时期确立了严格的《古兰经》书写版本，避免对神圣文本的修改。《古兰经》一共分为114章节，每章节经文按序排列，是伊斯兰教神圣的代表。

古兰经经学院

　　学院分为官立学校和私立学校。10世纪开始出现，12世纪达到辉煌发展期。孩子们在学校里学习用阿拉伯语阅读和写作，学习《古兰经》教义，甚至需要部分或完整记忆《古兰经》的内容。通常学校会教授多个科目，都是与《古兰经》和科学知识相关的科目。

哈拉勒

　　阿拉伯语原意为"合法的"。在穆斯林国家指《古兰经》和圣训的明文及其衍生出来的教法明确允许的一切正当思想、行为和言论等。

哈拉姆

　　《古兰经》和圣训明文禁止的一切。

哈里发

　　伊斯兰世界拥有最高宗教和民事权利的君主统称。

哈乃斐派

　　逊尼派四大教法学派之一。由艾布·哈尼法（Abu Hanifa）创建。

罕百里派

逊尼派四大教法学派之一，被认为是较为严格且保守。由艾哈迈德·伊本·罕百里（Ahmad bin Hanbal）于9世纪创建，他也是沙斐派弟子。

黑山派

音译伊斯哈克耶，中亚伊斯兰教苏菲派领袖称号，他们是先知穆罕默德的后代。16世纪拥有政治权力。

基卜拉（奇布拉）

穆斯林在礼拜期间进行礼拜时需朝向的方向，准确地说就是朝向麦加克尔白所在之方位。大部分清真寺内都有一处名为"米哈拉布"的凹壁，指示着穆斯林礼拜的正向——基卜拉。

吉哈德

字面意思是"尽心尽力"或"努力奋斗"，经常被曲解为"圣战"，在伊斯兰教语义中较为准确的理解应该是：吉哈德是为传播和捍卫安拉的信仰而奋斗。

加齐

原意为"征服者"，后成为伊斯兰世界的一种荣誉头衔。

净礼

用水洗净身体的行为。这能够让穆斯林达到外清内洁的状态。净礼对于礼拜、绕行（巡游天房）和诵读《古兰经》都是必不可少的仪式。

卡迪

伊斯兰教国家的法官。

卡菲尔

原意为遮盖、搭盖、隐昧；引申为否认、忘恩负义、掩盖真理的人。

卡利

吟诵《古兰经》的人。

开斋节

也称"肉孜节"，庆贺斋月结束，一般节期为三天。

科尔多瓦哈里发王国

也称科尔多瓦伍麦叶哈里发王国或西方哈里发王国，阿卜杜·拉赫曼三世于929年即位，在政权方面，与阿拔斯王朝一直保持着分庭抗礼的状态。

克尔白（天房）

词意为"立方体"，指呈立体形状的物体。位于伊斯兰教圣城麦加的禁寺内。东边角落是黑石所在地。由易卜拉欣及其子共同建造。克尔白也叫"天房"，是"安拉的房屋"，每年都会用一块名为"基斯瓦"的新帷幕遮盖，这是一种黑色丝绸布，上绣金丝《古兰经》经文。

库法休

第一版《古兰经》使用的一种古老的阿拉伯字体。库法体发源于同名城市"库法城"（是伊斯兰教重要的文化和学术中心），后作为装饰性字体盛行于伊斯兰世界。

礼拜

伊斯兰教五功之一。伊斯兰教信徒一天必须做五次礼拜，分别为：晨礼、晌礼、晡礼、昏礼和宵礼。

礼拜动作单元

伊斯兰礼拜的一个单元，由端立、念《古兰经》、鞠躬、叩头、跪坐、出"赛俩目"等一系列动作组成。

里瓦亚

《古兰经》或其他文本典籍的传述。

马格里布

意为"日落之地"，现在包括利比亚、摩洛哥、阿尔及利亚和突尼斯地区。

马立克教法学派

逊尼派四大教法学派之一，创始人是马立克·本·艾奈斯（Malik Ibn Anas）。

马洛布

指摩洛哥的苏菲派。

马穆鲁克

原指来自土耳其的奴隶，原意为"被支配的"，被认为是某人的私有物品。随着时间的推移，意思也发生了变化，后用来指代13世纪到16世纪服务于埃及的精锐骑兵团。

马什里克（太阳升起的地方）

在阿拉伯语中意为"东方"，用来称呼地中海东岸地区。

麦加朝觐

伊斯兰教五功之一，凡是身体健康且有足够财力的穆斯林，一生至少前往麦加朝觐一次，这是必尽的义务。朝觐时间从都尔黑哲月的7日到10日，包括最后的宰牲，也可以延长多日。

敏白尔

清真寺礼拜殿设施，通常由伊玛目于每周五的聚礼日在此向信徒讲解《古兰经》。根据伊斯兰传统，先知在最高一级台阶上传道解惑，吸引着下层阶梯上的大批信徒。

摩里斯科人

指1502年2月14日由天主教双王颁布改宗敕令后，居住在西班牙受过洗礼的摩尔人。

穆安津（宣礼员）

伊斯兰教负责在清真寺宣礼塔上宣礼的专职人员，每日五次，召唤信徒礼拜。

穆德哈尔人

阿拉伯语意为"驯服的、被驯化的"。指中世纪时期，居住在伊比利亚半岛基督教国王统治区的伊斯兰教徒。

穆德哈尔式艺术

12世纪到16世纪间，伊比利亚半岛基督教王国的艺术形式。

穆罕默德·纳希尔

原意为"穆斯林长官"。穆瓦希德王朝穆罕默德·纳希尔，在位期间负责指挥穆斯林军队。

穆拉比特王朝

穆拉比特王朝是由来自撒哈拉的柏柏尔人在西非建立的王朝。"穆拉比特"来自阿拉伯语，意为"武僧"。11世纪和12世纪间，在伊比利亚半岛和非洲北部创建了帝国。

穆斯林

原意为"顺从真主的人"。成为穆斯林，首先要信仰真主是唯一真实的主宰，在行动上遵循伊斯兰教五项宗教功课。

还有承认《古兰经》为真主的神圣启示。

穆瓦希德王朝

12世纪在摩洛哥出现的穆斯林宗教改革运动,反对圣徒崇拜,反抗非洲地区马格里布的穆拉比特王朝,该运动的发起者是伊本·图马特(Ibn Tumart)。

纳尔

原意为"火",指有罪之人的归宿。

皮西塔克

伊斯兰学校入口门面处的建筑结构,中亚地区较为常见,其上常绘有繁复的几何花纹,装饰着琉璃瓦。

齐米

对犹太人、科普特人、希腊人、亚美尼亚人和叙利亚基督徒组成的少数派宗教团体的称呼。直到17世纪,他们才获得认可,允许以独立的社团组织形式集会、活动。

清真寺

伊斯兰世界最主要的建筑,是伊斯兰信徒礼拜、集会、静修和冥想的地方,是信徒们的家。通常呈长方形,设有一座召唤信徒们礼拜的宣礼塔,庭院内有一处自来水或喷泉,供穆斯林洗净后做礼拜。大厅常用精美的地毯装饰,清真寺内主要的墙朝向麦加方向,墙中间有一个名为"米哈拉布"的凹壁,指示穆斯林礼拜的方向。清真寺的装饰以几何图案或者《古兰经》经文为主,寺内光线较弱,符合其作为礼拜隐蔽、安宁之所的身份。

酋长国

埃米尔统治的国家或地区,是一种君主国。

萨非王朝

又称"萨法维王朝",1501年到1722年发展起来的王朝,被认为是从穆斯林攻占波斯以来最宏大的王朝。萨非王朝统一了伊朗,让伊朗第一次正式从波斯穆斯林的手中独立出来,并将伊斯兰教什叶派正式定为伊朗国教。

萨哈巴

在伊斯兰教里,萨哈巴是指伊斯兰教先知的同伴们和接触过先知的人,又被称为"圣伴"。

萨哈达(清真言)

伊斯兰教信仰的基石:"万物非主,唯有真主,穆罕默德是真主的使者。"

塞尔柱帝国

是9世纪中期到13世纪末期统领现今伊朗、伊拉克和小亚细亚地区,由突厥人建立的王朝。他们在10世纪末期到达中亚地区的安纳托利亚,被认为是西方突厥人的先祖。塞尔柱人成为抵御蒙古人继续进攻欧洲的屏障。

色兰(塞拉姆、色俩目)

意为"和平"。穆斯林之间见面时的礼貌性祝安用语:安塞拉姆·阿莱库姆(意思是"愿主的安宁降临于你们")。

沙斐尔派

逊尼派四大教法学派之一。得名于其创始人穆罕默德·本·伊德里斯·沙斐仪(Muhammad ibn Idris ash-Shafi'i)。

什叶派

伊斯兰教主要教派之一,只承认与先知穆罕默德存有血缘关系或亲属关系的人是伊斯兰教的合法继承人,和逊尼派对立。

圣纪节

先知穆罕默德的诞辰纪念日。

圣训

圣训是伊斯兰教先知穆罕默德的言行录,由信徒汇编。内容包括先知对教义、律例、制度、礼仪及日常生活各种问题的意见与主张。最突出的两部圣训汇编分别是收录了7 000多条圣言的《布哈里圣训实录》和收录了4 000多条圣言的《穆斯林圣训实录》。

十字军东征

发生于11世纪至13世纪的一系列军事、政治和宗教战役,旨在收复圣地,主要针对的是塞尔柱土耳其穆斯林。

苏丹

相当于君主或国王,意为"统治者"。首位以苏丹自称的统治者是加兹尼的马哈茂德。

苏菲派

伊斯兰教的密契主义(或称神秘主义)。

苏拉

对《古兰经》114章节的命名。每个苏拉篇幅长短不一,按照篇幅长短排列,苏拉的名称和章节内部分文本内容有关。

太弗西尔

《古兰经》注释学的名称,指以科学的方式对《古兰经》进行的一系列阐释、释义。

太斯米

凡是穆斯林都会说"清真言",意为"诵真主之名",内容为"奉至仁至慈的真主之名"。

泰法

1031年,倭马亚王朝解体后,伊比利亚半岛科尔多瓦分裂成的多个穆斯林小王国被称为"泰法"。

泰姬陵

陵墓位于印度北方邦阿格拉,建于1631年至1654年,是皇帝沙·贾汗为其妻建造的,是印度知名的伊斯兰建筑古迹。

天课

伊斯兰教五功之一。所有拥有合法收入的穆斯林都必须要施天课。课税的缴纳份额由自己的财产和家庭收入决定,每年年底抽取家庭年度纯收入的2.5%用于赈济穷人或给予需要帮助的人。

维拉亚特

源自阿拉伯语的一个行政区划名称。

维齐尔

授权代表哈里发行使国家权力、处理国务的称谓或头衔。在奥斯曼土耳其帝国时期，用于行政机构最高职位的称呼。

倭马亚王朝

阿拉伯帝国的第一个世袭王朝，以大马士革为中心，后扩张到科尔多瓦和安达卢斯。

乌玛

早期建立的以宗教和地区为基础的穆斯林公社。

西帕希

奥斯曼土耳其帝国对骑兵的称呼。

希吉拉

意为"放弃、出走、离开"。后变为对622年先知穆罕默德带众信徒离开麦加，迁到叶斯里卜（后来被称为"麦地那"）事件的简称。此事件发生的年份被定为伊斯兰教历元年。因此，伊斯兰教历又被称为"希吉拉历"。

先知

穆罕默德得到真主启示后获得的称呼。

谢里夫

对先知穆罕默德的外孙、阿里的长子哈桑及其后裔的尊称，意为"贵族、高贵者"。

宣礼

宣礼是指伊斯兰教召唤穆斯林礼拜的仪式。宣礼的人是穆安津，也被称为"宣礼员"，由其在清真寺的宣礼塔每日五次召唤信徒进行礼拜。

逊尼派

伊斯兰教主要教派之一，认为先知穆罕默德的继位者应取决于其能力，而不限于是否和先知穆罕默德存在血缘或亲属关系。它与伊斯兰教的什叶派对立。

耶尼切里

奥斯曼土耳其帝国常备军队和苏丹侍卫的统称。

伊德里希亚

19世纪在非洲具有一定影响力的苏菲派教义。

伊玛目

意为"领袖"，通常指伊斯兰教集体礼拜时在众人前面率众礼拜的人。伊斯兰教众信徒在权利、义务上人人平等，无宗教等级之分，因此，凡是符合规定的信徒都可以成为伊玛目，一般为男子，若无男子在场，女子也可以带领礼拜。伊玛目能够正确诵读《古兰经》，能够记忆、背诵《古兰经》，能够完成礼拜。

伊斯拉

伊斯兰教记载的先知穆罕默德显现的一次神迹，穆罕默德夜行登霄。

伊斯兰教

从词源学角度讲，伊斯兰教意为以服从真主安拉的使命。伊斯兰教不仅是一种宗教，还渗透到穆斯林生活的方方面面。安拉传递的启示都收录在《古兰经》里，这是记录大天使吉卜利勒传达给先知穆罕默德圣命的圣书。

伊斯兰教的五功

根据《古兰经》教义，穆斯林必须要遵循五项宗教功课，亦被称为"五桩天命"。总之，它是基本信仰付之实践的基石，旨在维系、坚定穆斯林的宗教信仰和宗教感情。伊斯兰教的五功是：念，礼，斋，课，朝。

伊斯兰教法

意为"追寻的道路"。是一套以伊斯兰教教义为准则的法律，对人们的日常生活和行为做出法律规定。

伊斯兰教宣礼塔

穆安津（宣礼员）召唤穆斯林信徒做礼拜的塔楼，其建筑风格各不相同。

伊斯兰学校

专门从事伊斯兰宗教教育的学校，也教授阿拉伯语语法和阿拉伯文学。这里主要培养《古兰经》教义的研究学者。

伊万

波斯和伊斯兰建筑中常见的一种长方形、带有拱顶的空间，常用于建造清真寺和伊斯兰教会学校。

游牧民族

时常从一处迁居到另一处，非永久定居某处的民族或族群，以放牧为主。

斋戒

伊斯兰教五功之一，指伊斯兰教信徒从黎明前到日落时禁止进食、饮水和禁欲。除斋月期间，所有身体无恙的信徒都要严格遵守斋戒规定，其余时间的斋戒都是自愿进行的。

斋戒月

伊斯兰教历的第九个月，所有健康的伊斯兰教信徒在日出之后和日落之前的这段时间不得进食、进水，要求禁欲。这是神圣的月份，是纪念真主安拉降示《古兰经》、指导世人的月份。